GOLDMANNS GELBE TASCHENBÜCHER
Band 2958

Alain Roy · Interpol

Zu diesem Buch

Der mächtigste Feind des internationalen Verbrechertums ist die Interessengemeinschaft der Polizei vieler Länder der Erde: die Interpol. Wenn die Telefone und Fernschreiber im Hauptquartier in Paris klingeln und ticken, dann bedeutet das: Jagd auf die kriminellen Grenzgänger, auf Räuber, Mörder, Schmuggler, Hochstapler, Rauschgift-, Falschgeld- oder Mädchenhändler.
Der französische Journalist Alain Roy, Pariser Korrespondent deutscher Zeitungen und Zeitschriften, berichtet in diesem Band von den außerordentlichen Leistungen der Interpol, deren Methoden er anhand von neun typischen Fällen anschaulich darstellt. Dabei sind Kriminalgeschichten entstanden, die Spannung, Dramatik und Information effektvoll verbinden. Roys Buch fußt auf Archivstudien und wurde bereits in mehrere Sprachen übersetzt.

ALAIN ROY

Interpol

Aus den Akten
der internationalen Kriminalpolizei

WILHELM GOLDMANN VERLAG
MÜNCHEN

7026 · Made in Germany. Genehmigte Taschenbuchausgabe. Die Originalausgabe ist im Hestia-Verlag, Bayreuth, erschienen. Umschlagentwurf: Ilsegard Reiner. Foto: Werbefoto Oeder, Heimstetten bei München. Gesetzt aus der Linotype-Garamond-Antiqua. Druck: Presse-Druck, Augsburg. Verlagsnummer 2958 · Vo/Le

ISBN 3-442-02958-9

Vorwort

Spinnen sind unbeliebt; sie erwecken Abscheu und Schrecken. Der meistgefürchtete Schrecken der internationalen Verbrecher ist die INTERPOL. Das trug ihr in der Unterwelt den gehässigen Spitznamen »Die graue Spinne« ein. Er ist längst ein ruhmreicher Ehrentitel geworden. INTERPOL wurde im September 1923 in Wien gegründet. Man hatte erkannt: Immer mehr Verbrecher »arbeiten« auf internationaler Basis. Wird ihnen der Boden in einem Land zu heiß, setzen sie sich über die Staatsgrenze ab. Und beginnen von neuem. Die modernen Verkehrsmittel erleichtern ihnen das Handwerk, ermöglichen flotten Tatortwechsel oder blitzschnelle Flucht. Von solchen Errungenschaften des 20. Jahrhunderts profitieren auch die flüchtigen Räuber und Mörder und jene weltweiten Schmuggelorganisationen, die sich auf Rauschgift-, Falschgeld- oder Mädchenhandel spezialisiert haben. Diesen kriminellen Grenzgängern ist in INTERPOL ein gnadenloser Gegner erstanden. INTERPOL jagt sie über Länder und Kontinente. Allein in einem Jahr gingen 30 000 Gangster ins Netz der »Grauen Spinne«. Die Zahl spricht für sich. Sie spricht für INTERPOL und deren fast fünfzigjährigen Kampf gegen das Verbrechen. In Zusammenarbeit mit der Pariser Zentrale und einigen Zweigbüros der INTERPOL haben wir hier die erregendsten Fälle aufgezeichnet für diese Zeitspanne, wobei Namen – wenn und wo es notwendig war – verändert wurden.

Tod am Nachmittag

Zum vierten oder fünften Male stand Simon Luria auf und trat vor den Spiegel des Schlafzimmerschrankes. Ein dreiteiliger Schrank, viel zu groß für das kleine Zimmer, das schon die Ehebetten und die Wiege aus Korbgeflecht verstellten.

Luria war hochgewachsen. Er sah älter aus, als er war. Wie dreißig, aber sein Personalausweis verjüngte ihn um vier Jahre.

Die lebhaften Augen hinter breitgerahmten Brillengläsern prüften intensiv das eigene Gesicht, als ob er darin die Antwort auf eine Frage zu finden hoffte.

Dann fiel sein Blick auf das Beil, und sein Griff schloß sich fester um den Stiel.

Er hatte es drei Tage zuvor im »Grand Bazar« gekauft, an dem er oft vorüberging, wenn er durch die Straßen der Antwerpener Altstadt bummelte.

An jenem Tag hatte er den Entschluß gefaßt, der sein Leben radikal ändern sollte: Von nun an wollte er nicht mehr nur Zaungast des Glücks anderer sein.

O ja, er hatte Appetit bekommen auf das Leben der oberen Zehntausend, auf den gediegenen Wohlstand der reichen Diamantenhändler. Zugegeben: Sie luden ihn häufig ein, denn er war ein brillanter Schachspieler. Sie behandelten ihn wie ihresgleichen, gewiß, aber wenn er ihre prunkvollen Salons verließ, dann wartete auf ihn die bedrückende Enge seiner muffigen Wohnung.

Zwei Stunden war er gedankenverloren im Hafengelände umhergelaufen. Im Lärm der Kräne und Getreidegebläse, im Labyrinth der Docks, in denen sich Schiffe jeder Größe drängten – vom Ozeanriesen bis zu den kleinen Booten der Muschelfischer –, im Sirenengeheul der Schlepper und in den starken, schweren Gerüchen des Hafens hatte er sich seinen Plan zurechtgelegt.

Und der Gedanke hatte Gestalt angenommen. Endlich konnte er sich von seinem Joch befreien. Mit einem Schlag. Buchstäblich mit einem Schlag.

Aber jetzt war da wieder der dumpfe Schmerz im Kopf.

Er legte das Beil aufs Bett und setzte sich auf den wackligen Stuhl, hob die Hand zur Stirn und massierte sich mit Daumen und Ringfinger die Schläfen.

Draußen fiel ein feiner Regen. Nur ab und zu gaben die Wolkenfetzen ein Stück Himmel frei. Es war kalt. Der Frühling konnte sich nicht behaupten in diesem Jahr. Vor dem Haus spielten Kinder, wenn der Regen sie nicht vertrieb.

Era, seine Frau, ging mit dem Baby spazieren. Sie war im Zoo und konnte sich im gut geheizten Vogelhaus unterstellen. Era würde nicht vor halb sieben oder sieben zurück sein.

Bis sieben Uhr würde alles vorüber sein ...

Die Eßzimmeruhr schlug halb vier. Fast zur gleichen Zeit antwortete ihr in zwei hellen, fröhlichen Tönen die nahe Domuhr.

Der Mann stand auf, machte ein paar Schritte im Zimmer, spielte nervös mit seinen Fingern. Sein Freund mußte jeden Augenblick eintreffen. Über zwanzig Minuten war es her, daß er ihn in der Diamantenbörse angerufen hatte. Er würde die Steine sicher mitbringen, hatte er ihm am Vortage doch erzählt, er wäre beauftragt, im Namen eines israelischen Geschäftsmannes einzukaufen. Aber, hatte er hinzugefügt, das Geschäft müsse geheimgehalten werden. Streng geheim!

Die Klingel schreckte ihn auf. Er blieb einen Moment unbeweglich, nahm dann das Beil und verbarg es hinter seinem Rükken, während er zur Tür ging.

Als er widerstrebend den Riegel zurückschob, klingelte es zum zweiten Mal, anhaltender. Wilde Entschlossenheit packte ihn. Mit einem Ruck öffnete er. In der Tür tauchte das runde, lächelnde Gesicht seines Freundes auf, die sanft blickenden Augen hinter goldgerahmten Brillengläsern, die hohe Stirn mit dem sehr spärlichen Haaransatz.

»Komm herein, Armand!« sagte er mit heiserer Stimme, schloß die Tür und lehnte sich gegen den Pfosten. »Hast du die Steine da?«

»Natürlich ... Aber was ist denn, Simon? Du siehst so sonderbar aus ...«

Der Mann hob den Arm und schlug blitzschnell zu. Zu Tode getroffen, hob Armand in einer instinktiven Bewegung die Hand zum Kopf.

Noch einmal schlug das Beil zu. Ein schwaches Röcheln, und der Körper Armands – nach einem kurzen Moment der Starre – sackte in sich zusammen, fiel schwerfällig auf den Boden.

Der Mörder ließ seine Waffe fallen und erstarrte, ungläubig und entsetzt ob der eigenen Tat. Seine Knie zitterten. Sein weißes Oberhemd war mit Blut besudelt. Er schluchzte, zwang sich aber zur Ruhe.

Dann beugte er sich über den Leichnam und durchsuchte fieberhaft die Taschen des Toten. Das kleine Paket im Jackett! Er öffnete es und fand darin, in weißes Seidenpapier eingeschlagen, mehrere kleine Päckchen mit Diamanten.

Einen blitzenden Stein nach dem anderen ordnete er vor sich auf dem Fußboden. Er vergaß den Toten, zu sehr damit beschäftigt, den Diamantenwert abzuschätzen.

Was brachte das zusammen? Eine Million belgischer Francs? Er übertrug die Summe in englische Pfunde, in israelisches Geld. Er war beinahe enttäuscht. Es war weniger, als er gehofft hatte. Aber es war dennoch enorm viel Geld für ihn. Er fuhr sich mit der Zunge über die ausgetrockneten Lippen und faltete die Päckchen zusammen.

Das Blut rann weiter auf das Parkett. Der Tote lag mit weitgeöffneten Augen da. In ihnen war ein Ausdruck des Erstaunens. Der Kalender zeigte Dienstag, den 20. März 1962, an. Die Uhr tickte. Es war ein Viertel vor fünf.

Der Sankt-Annen-Strand an den Ufern der Schelde war vor dem letzten Krieg ein beliebter Wochenendtreffpunkt der Bürger Antwerpens. Sie bauten sich bescheidene Wohnlauben, mit Blick aufs Wasser, und verbrachten dort auch die Feiertage.

Der Legende zufolge heißt das flämische Antwerpen: die geworfene Hand. Einstmals, so erzählt man sich, habe ein furchtbarer Riese in der Mitte der Schelde gestanden und den Flußschiffern, die ihr Weggeld nicht bezahlen konnten, die Hand abgehauen. Bis eines Tages ein kühner Schiffer aus Flandern, Brabo genannt, ihn durch Mut und List besiegte und ihm seinerseits die Hände abschlug. Daher der Name der Stadt: Hand werpen. Auf dem größten Platz der Stadt erinnert ein Denkmal an diese Sage.

Sankt Annen ist nicht mehr das, was es einst war. Die Stadt ist gewachsen und hat alle Grünflächen verschluckt. Aber im Frühjahr 1962 spricht man wieder vom Sankt-Annen-Strand. Schreckliches weiß man zu berichten. So Schreckliches, daß man unwillkürlich an die Sage vom furchtbaren Riesen in der Schelde erinnert wird ...

Die drei Erdarbeiter im Entwässerungsgraben am Sankt-Annen-

Ufer legen eine Pause ein. Der Älteste nimmt sein Frühstücksbrot aus der Tasche – es ist neun Uhr – und beginnt bedächtig zu kauen. Die beiden anderen rauchen Zigaretten. Nach ein paar Minuten machen sie sich wieder an die Arbeit. Ab und zu rufen sie sich einen deftigen Scherz zu. Die Morgenzeitung, die einer der Arbeiter fortgeworfen hat, trägt das Datum vom Mittwoch, dem 21. März. Ein Tag wie jeder andere.

Plötzlich wirft einer der Arbeiter seine Hacke weg. Schweiß läuft von seiner Stirn. »He, kommt mal her!« Er hat drei große Säcke im Graben entdeckt. Einer ist aus durchsichtigem Kunststoff. Er wischt sich mit dem Ärmel über sein Gesicht. Dann spuckt er in die Handflächen und greift zu einer vierzinkigen Gabel, um das erste Paket herauszuholen.

Seine Bewegungen sind hastig – die Plastikhülle zerreißt, und ein Menschenkopf rollt in den Graben zurück. Nacktes Entsetzen ergreift die drei Arbeiter: Ihre schon braungebrannten Gesichter werden augenblicklich aschfahl. Der Jüngste kämpft vergeblich gegen eine aufsteigende Übelkeit an.

Dann endlich hebt der erste Arbeiter vorsichtig auch die beiden anderen Pakete heraus. Ihr braunes Packpapier ist solide verschnürt. Er entknotet den Bindfaden – und übergibt sich: In einem Sack steckt ein menschlicher Leib und zwei Arme, im anderen zwei Beine und vier abgetrennte Finger.

Die Arbeiter sind einer Ohnmacht nahe. Einer klammert sich an den Stiel seiner Hacke, schließt die Augen und schreit: »Nein, nein, nein . . .« Er weiß, daß ihn dieser scheußliche Anblick noch lange verfolgen wird. Er hört, wie sein Arbeitskollege heiser sagt: »Mensch, wir müssen die Polizei verständigen!«

Zwischen dem Verbrechen und der makabren Entdeckung auf der Baustelle war nur wenig Zeit verflossen.

Einen wichtigen Hinweis hatte die Polizei sofort: Sie wußte, wer der Tote war. Sein Personalausweis steckte noch in der Jackentasche.

Es handelte sich um einen gewissen Armand Matjelès, dreiunddreißig Jahre alt, wohnhaft in Berchem, einer Vorstadt von Antwerpen. Er war der Sohn eines bekannten Diamantenmaklers und wohnte bei seinen Eltern. Ein unbescholtener Mann, offensichtlich. Oder?

Den Kriminalkommissar Jordaens beschlich immer ein Gefühl

des Unbehagens, wenn er über die Schwelle zum Büro des Untersuchungsrichters trat. Der gestrenge Jurist verbreitete um sich eine eisige Atmosphäre. Jedermann hatte das Gefühl, sich ihm auf Fußspitzen nähern zu müssen, nur leise mit ihm zu sprechen und selbst mit Gesten sparsam zu sein. Und das war es, was Kommissar Jordaens auf den Tod nicht ausstehen konnte.

So war es auch wieder am Abend des 21. März. Mit strengem Gesicht und mitleidlosen Augen erwartete der Untersuchungsrichter den Kommissar zum Rapport. Seine nervösen, schmalgliedrigen Finger trommelten auf die Schreibtischplatte. Er war ein Beamter von hervorragendem Ruf und das krasse Gegenstück zu dem Polizisten, der Besonnenheit, Ruhe und Gemütlichkeit ausstrahlte.

Die beiden mochten sich nicht.

Auf dem Kaminsims aus falschem Marmor schlug die Uhr neun. Jordaens putzte sich geräuschvoll die Nase.

»Also, wie weit sind wir, Herr Kommissar?«

»Auf dem toten Punkt, wenn ich mir diesen Ausdruck erlauben darf. Ich muß leider gestehen, daß wir seit heute morgen kaum vorwärtsgekommen sind. Wir wissen, wer das Opfer ist. Das ist ein guter Ausgangspunkt, aber sonst nichts, absolut nichts.«

»Keine Fingerabdrücke?«

»Nein. Das Laboratorium hat auf dem Leichnam keine Spuren feststellen können. Die Säcke sind dagegen von so vielen Händen berührt worden, daß man nichts Klares erkennen kann.«

»Sie haben die Angehörigen des Toten verhört?«

»Ja, sprechen wir von der Familie! Die Eltern – ein sympathisches, altes Paar, das uns aber kaum helfen kann. Die beiden Alten liebten ihren Sohn abgöttisch. Nach dem Schock, den sie erlitten, schienen sie kaum fähig, auf unsere Fragen zu antworten. Wir mußten ihnen jeden Hinweis, jede Vermutung geradezu entreißen. Merkwürdig . . .«

»Aber Sie haben doch sicher eine Vorstellung von der Sache, Herr Kommissar?«

»Lassen Sie mich zusammenfassen: Unser Mann hat die Villa seiner Eltern gestern nach dem Mittagessen verlassen, so gegen halb zwei. Er trug Edelsteine bei sich im Gewicht von, nach Aussage seines Vaters, genau 922 Karat. Ihr Rohwert beträgt demnach ungefähr 700 000 belgische Francs. Er hätte am Nachmittag einen Kunden treffen sollen ...«

»Wen?«

»Wen? Zum Teufel, wenn ich das wüßte, wären wir schon ein gutes Stück weiter ... Wer konnte ein Interesse haben, Armand Matjelès aus dem Weg zu schaffen? Jemand, der wußte, daß der Diamantenhändler an jenem Tag ein kleines Vermögen bei sich trug? Also, an erster Stelle sein Kunde? Klar, auf ihn fällt der Hauptverdacht ...«

»Jemand anders konnte natürlich ebenfalls Bescheid wissen, Herr Kommissar«, fuhr der Untersuchungsrichter dazwischen.

»Möglich. Aber immer der Reihe nach, bitte! – Wenn der bisher unbekannte Kunde sich bei der Polizei zu erkennen gibt und ein einwandfreies Alibi vorweisen kann, um so besser. Dann suchen wir eben woanders. Merkwürdig, daß uns der alte Matjelès da nicht helfen kann! Ich verstehe nicht, daß er so wenig über die berufliche Tätigkeit und die Bekanntschaften seines Sohnes weiß. Er vertraute ihm sein Geschäft an, scheint aber niemals Rechenschaft gefordert zu haben. Nun, man ist in diesem Milieu, in dieser Branche nicht sehr gesprächig und schweigt sich gern über seine Geschäfte aus, das weiß ich. Deshalb bin ich andere Wege gegangen. Und jetzt kenne ich den Charakter des Opfers: verschlossen, mißtrauisch und nicht sehr mitteilsam. Der Mörder kann also – logischerweise – nur einer seiner guten Bekannten sein.«

»Das heißt also, wenn ich richtig verstanden habe, daß jeder der tausend Diamantenhändler in Antwerpen verdächtig ist?«

Der Kommissar zuckte mit den Achseln. Der Untersuchungsrichter erhob sich und kam hinter seinem Schreibtisch hervor. Einige Sekunden lang versenkte er sich in die Reproduktion eines Breughel an der Wand. Die aufgewühlten Züge der Gestalten dieses flämischen Malers übten eine sonderbare Reaktion auf den sachlichen und peinlich genauen Verstand des Richters aus. Er drehte sich um.

»Und Matjelès' Privatleben, Herr Kommissar?«

»Haben wir natürlich aufgerollt. Noch nicht gründlich genug, denn die Tugenden und Fehler eines Menschen lassen sich nicht in wenigen Stunden aufdecken. Aber offensichtlich kann man dem Ermordeten nichts Abträgliches nachweisen. Er war mit einer jungen Engländerin verlobt, die er in ein paar Monaten heiraten wollte. Es gab keine andere Frau in seinem Leben.

Dabei wäre mir ein Leidenschaftsverbrechen viel lieber gewesen . . .«

Der Kommissar rückte sich einen Stuhl zurecht und begann auf den Untersuchungsrichter einzureden.

»Die Leidenschaft kann einen Menschen – jeden Menschen, Herr Untersuchungsrichter! – völlig aus der Bahn werfen. Ist er erst zum Mörder geworden, so unterscheiden sich seine Reflexe kaum von denen eines Wahnsinnigen. Für diese Fälle gibt es eine Art klassisches Kriminal-›Gerüst‹, auf dem man das ganze Drama aufbauen kann. Aber hier in unserem Fall sehe ich diesen Leitfaden nicht . . . Und noch etwas: Man kann unter Umständen einen Mann aus Liebe in Stücke schneiden; aus Liebe, aus Leidenschaft oder was immer Sie wollen, aber nicht, um ihn nur zu bestehlen! Und unser Mörder hat noch nicht einmal versucht, die Leiche unkenntlich zu machen, um die Nachforschungen irrezuleiten. Das Gesicht des Toten ist unversehrt, und man hat ihm sogar seine Papiere gelassen. Sie müssen verstehen, daß mich das aus der Fassung bringt.«

»Wenn jede Tat von dem Verbrecher unterschrieben wäre, brauchte niemand mehr die Polizei, Herr Kommissar.«

»Für mich steht bisher fest, daß diese makabre Arbeit nicht von einem Flamen ausgeführt wurde. Unsere Landsleute sind zu solide, zu schwerfällig, und – sie haben nicht genug Einbildungskraft. Der Täter muß ein Ausländer sein.«

Er unterbrach seinen Gedankengang und zündete sich eine Zigarette an. Dann fuhr er fort: »Wenn der angebliche Kunde des Toten sich also nicht meldet, erweitert sich unser Untersuchungsfeld auf alle ausländischen Arbeiter in Antwerpen: Italiener, Griechen, Spanier, von den Matrosen aller Länder gar nicht zu reden. Ein hartes Stück Arbeit, Herr Untersuchungsrichter. Aber vielleicht sehen wir morgen schon klarer . . . Doch bevor ich es vergesse: Matjelès hatte ein Steckenpferd, er spielte für sein Leben gern Schach.«

»Ich spiele selbst auch Schach«, unterbrach ihn der Untersuchungsrichter.

Der Kommissar stand auf, nahm seinen Überzieher und sagte mit gezwungenem Lächeln: »Aber Sie kann ich leider nicht verhaften!«

Er ging zur Tür und, eine Hand auf der Türklinke, drehte sich noch einmal um.

»Auf jeden Fall sehen wir uns morgen abend wieder, Herr

Untersuchungsrichter. Es sei denn, bis dahin wäre etwas Neues vorgefallen. Dann rufe ich selbstverständlich an. Guten Tag!«

Er übersprang beim Hinuntergehen jede zweite Treppenstufe. Zehn Minuten später war er wieder in seinem Büro.

»Nichts Neues, Heuvel?«

Sein Mitarbeiter reichte ihm eine schmale Akte.

»Der Bericht des Polizeiarztes, Chef.«

Der Kommissar las aufmerksam die vier maschinegeschriebenen Seiten. Aber die Autopsie hatte nur die gewohnten Resultate ergeben: die annnähernde Uhrzeit des Todes und die Waffe. Ein schneidendes Instrument, wahrscheinlich eine Axt. Und noch etwas: Die Leiche war mit einer Säge zerlegt worden.

Nichts also.

Der Polizeiwagen fuhr am frühen Morgen des 22. März die Brialmontlei entlang, bog in die Simonsstraat ein und hielt schließlich in halber Höhe der Pelikanstraße, die sich, schmutzig und belebt, 350 Meter lang neben dem erhöhten Bahndamm erstreckt. Während einer der drei Männer neben dem Fahrer sitzen blieb, um bei einem Funkanruf antworten zu können, stiegen die beiden anderen aus und schlugen fröstelnd ihre Mantelkragen hoch.

Sie gingen an den kleinen Konfektionsläden vorüber, an bescheidenen Uhrengeschäften, die Schweizer Uhren zu niedrigen Preisen anboten und wo billigster Schmuck neben wertvollen Juwelen lag. Auch die Ladenschilder der Geschäfte, die Tresore und Geldschränke verkauften, und die Wechselstuben nahmen sich bescheiden aus. Das Fehlen jeglichen Luxus in dieser Straße, dem Weltzentrum des Diamantenhandels, überraschte.

Die beiden Inspektoren standen schließlich vor der Fassade eines Hauses des vergangenen Jahrhunderts. Die Mauern glänzten vor Nässe. Es war der Sitz der Bank, in deren Panzerschränken und Kellergewölben die meisten Diamantenhändler ihre Edelsteine deponierten. Sie ließen sich beim Direktor melden, der sie sofort empfing.

»Ich habe auf Sie gewartet, meine Herren. Wir haben hier unsere Arbeit, wissen Sie, und was unsere Kunden außerhalb ihrer Geschäfte betreiben, geht mich absolut nichts an. Aber in diesem Fall . . .«

Er hatte eine überhohe Stirn und war kahlköpfig. Beim Sprechen sah man seine vom Nikotin und schlechter Mundpflege verfärbten Zähne. »In diesem Fall habe ich einige Nachforschungen angestellt. Herr Armand Matjelès hat am Dienstagmorgen – also am Tag seiner Ermordung – hier alle seine Steine aus seinem Tresor genommen.«

»Und wie hoch war der Wert dieser Steine?«

»Oh, das ist schwer zu schätzen. Bei Diamanten hängt das von Angebot und Nachfrage ab . . .

»Hat Matjelès auch Bargeld von seinem Konto abgehoben?«

»Nein. Das kann ich mit Sicherheit verneinen.«

Der Polizeiinspektor kratzte sich den Handrücken. Er versuchte es mit einer letzten Frage: »Wissen Sie, mit wem der Ermordete an jenem Tag verabredet war? Ich meine den Kunden, mit dem er verhandeln sollte?«

»Nein, meine Herren, da habe ich nicht die leiseste Ahnung. Übrigens muß ich Sie bitten, mich jetzt zu entschuldigen. Die Arbeit, nicht wahr, Sie verstehen . . . Ich werde Sie hinausbegleiten!«

Die nächste Etappe war die Diamantenbörse, der Tempel der Pelikanstraße. Noch vor Überschreiten der Schwelle hatten die Polizeiinspektoren den Eindruck, hier auch nicht mehr Glück zu haben. Sie schauten einen Moment lang dem lebhaften Betrieb zu und versuchten, sich für die Diskussionen der Makler zu interessieren. Aber als sie sich den kleinen Gruppen näherten, hörten die Unterhaltungen plötzlich auf. Forschende und mißtrauische Blicke begegneten ihnen.

Sie beschlossen, den Stier bei den Hörnern zu nehmen, und sprachen mehrere der Anwesenden an, Makler und Börsenangestellte. Ohne Resultat. Viele kannten den Ermordeten, aber keiner wußte etwas über den geheimnisvollen Kunden, der von Armand Matjelès Diamanten hatte kaufen wollen. Ihre Antworten waren ausweichend, vorsichtig und verlegen.

Die meisten Makler waren Israeliten, die sich nach dem Ende des ersten Weltkrieges in Antwerpen niedergelassen hatten und jetzt ein ruhiges Leben, ein wenig am Rande der übrigen Geschäftswelt, führten, sehr begabt für den Handel, aber von äußerster Anständigkeit. Auch Matjelès hatte zu ihnen gehört, und die Polizeibeamten kamen nach und nach zu der Überzeugung, daß sich ihre Nachforschungen ausschließlich auf diesen Kreis beschränken mußten.

Ein Angestellter in grauem Kittel kam ihnen entgegen: »Entschuldigen Sie, wenn ich Sie störe, meine Herren, aber ich glaube, ich kann Ihnen einen nützlichen Hinweis geben.«

»Ja, bitte?« drängten die Beamten. Sollte sich ihr Weg doch noch gelohnt haben?

»Am Dienstagnachmittag war ich hier, und gegen halb fünf hat jemand Herrn Matjelès am Telefon verlangt.«

»Sie wissen, wer das war?«

»Das kann ich Ihnen leider nicht sagen. Matjelès ging in das kleine Büro da hinten, um zu antworten. Ich stand zufällig neben ihm und konnte die Unterhaltung anhören. Herr Matjelès schien seinen Gesprächspartner gut zu kennen, er duzte ihn. Aber das Gespräch war sehr kurz. Er sagte: ›Ich bin in ein paar Minuten da . . . Nein, ich will heute abend früh zu Hause sein. Ich hab' es meinem Vater versprochen.‹«

»Sonst nichts?«

»Nein – nichts. Aber das kann Ihnen vielleicht helfen, nicht?«

Die Inspektoren stellten noch andere Fragen, kamen aber keinen Schritt weiter. Dennoch: Sie waren mit der Auskunft, die ihnen der Angestellte gegeben hatte, sehr zufrieden.

»Du siehst, daß der Chef recht hatte. Er behauptete immer schon, der Mörder könne nur ein enger Vertrauter von Matjelès sein.«

Da man aber in kriminalistischen Dingen keine Hypothese ausschließen darf, liefen andere Untersuchungen gleichzeitig weiter. Sie führten zu der Verhaftung eines jungen Taugenichts, der drei Jahre vorher einen achtzigjährigen Diamantenhändler angegriffen, leicht verletzt und bestohlen hatte. Erst kürzlich aus dem Gefängnis entlassen, wurde er am frühen Morgen gestellt und ins Kreuzverhör genommen. Aber sein Alibi hielt allen Nachforschungen stand. In den ersten Abendstunden mußte man ihn laufen lassen.

Am gleichen Tag um Mitternacht.

Simon Luria vernahm nur ein leises Stimmengemurmel im Nachbarabteil, von Zeit zu Zeit knackten die Holzwände, und durch die beschlagenen Fensterscheiben erriet er mehr, als er sehen konnte, die dunklen Flächen der Felder, die ab und zu von Häusergruppen unterbrochen wurden, in denen einige Fenster erleuchtet waren.

Seine Frau Era war seit ein paar Minuten in dem überheizten Abteil eingenickt, und er selbst fühlte sich vom Schlaf übermannt. Das Baby schlief unruhig, und seine kleinen Hände ballten und öffneten sich.

Er beobachtete einen Augenblick sein Kind, strich sich dann mit der Hand über die schmerzende Stirn und schloß die Augen. Seine Züge wirkten ausgemergelt, und eine ungeheure Erschöpfung überfiel ihn.

Er nahm sich jedoch zusammen und preßte sich gegen die Rückenlehne. Die Fahrt von Antwerpen nach Brüssel dauerte nur eine gute Stunde. Sie würden es bald geschafft haben.

Gerade in diesem Augenblick öffnete Era die Augen. Ihre Haare waren in Unordnung geraten, und sie schien erregt.

»Ich habe einen schrecklichen Traum gehabt«, sagte sie. Schnell zog er seine Hände zurück und versteckte sie hinter dem Rücken.

»Was hast du, Simon?«

»Nichts. Was soll ich schon haben?«

Sie drang nicht weiter in ihn. Era wußte, daß ihr Mann Fragen haßte, und sie hatte sich damit abgefunden. Aber seit zwei Tagen war sie seinetwegen ernsthaft beunruhigt. Er war so nervös geworden. Und dann diese plötzliche Abreise. Warum nur?

»Ist deine Mutter schon seit langem krank?« fragte sie.

»Ja, nein, nicht sehr lange. Ich weiß nichts Genaues. Einige Monate vielleicht.«

»Aber warum hast du mir nie etwas davon erzählt?«

»Ich wollte dich nicht beunruhigen, Era. Und im Grund ist sie ja nur deine Schwiegermutter. Für mich ist das anders, verstehst du?«

»Und jetzt geht es ihr so schlecht?«

»Es sieht so aus.«

Immerhin hatte ihr Mann den Gesundheitszustand seiner Mutter so beunruhigend gefunden, um sich nach Erhalt ihres letzten Briefes aus Tel Aviv zur sofortigen Abreise zu entschließen. Dieser Aufbruch war vielleicht ein wenig überstürzt. Und: Hatte Simon nicht eine Dummheit begangen, seinen Volkswagen zu einem so lächerlichen Preis zu verkaufen?

Seltsam. Er hatte ihr den Brief seiner Mutter noch nicht einmal gezeigt. Er hatte ihr nur, in einem Ton, der keinen Widerspruch duldete, gesagt: »Wir müssen abreisen!«

Nun, wie auch immer die Dinge in Wirklichkeit lagen, sie würde es am nächsten Tag – bei ihrer Ankunft in Israel – wissen.

Kurz vor Brüssel verlangsamte der Zug seine Geschwindigkeit

und hielt bald darauf mit knirschenden Bremsen im Nordbahnhof. Simon stand auf, holte die beiden schweren Koffer aus dem Gepäcknetz und bahnte sich einen Weg durch die anderen Reisenden, die sich im Gang drängten.

Seine Frau hatte das noch immer schlafende Baby wieder in den rosafarbenen Burnus gewickelt und folgte ihm, für sich und das Kind mit den Ellbogen Platz schaffend. Auf dem Bahnsteig nahm er ihr das Kind ab und half ihr beim Aussteigen. Sie gingen dem Ausgang zu.

Simon drehte sich mehrmals um. Die Arme schmerzten ihn vom Tragen der Koffer, und er setzte sie mit einem Ruck ab, als sie den langen Gang, der zum Bahnhofsvorplatz führte, hinter sich hatten.

Era rief ein Taxi, und der Chauffeur legte das Gepäck in den Kofferraum.

»Wohin soll's gehen?« fragte er.

»Melsbroeck – zum Flughafen.«

Über die Chaussée de Louvain erreichte der Wagen die Autobahn, und dann tauchten auch schon die großen Flugzeughallen auf.

Die Empfangshalle des Flughafens war um diese Zeit kaum belebt, und Simon konnte um so schneller die Plätze buchen lassen. Allerdings gab es kein Flugzeug vor acht Uhr morgens. Die Maschine landete in Paris-Le Bourget. Sie würden von dort aus nach Orly, dem zweiten Pariser Flughafen, fahren müssen, um am Spätnachmittag nach Tel Aviv weiterzufliegen.

Diese lange Wartezeit! Es kostete Simon fast übermenschliche Anstrengungen, sich zu beherrschen.

»Kannst du mir warmes Wasser für Babys Flasche besorgen?«

Er fuhr zusammen: »Ja, natürlich – ich geh' schon!«

Kaum war er zurückgekehrt, begannen seine Gedanken von neuem um einen bestimmten Punkt zu kreisen. Er nahm ein Buch zur Hand und überflog ein paar Seiten. Nutzlos.

»Ich muß mich entspannen; ich lauf' ein bißchen auf und ab«, sagte er.

Seine Frau hob den Kopf und versuchte, seinem Blick zu begegnen, aber er vermied es sichtlich, sie anzusehen.

»Bedrückt dich was, Simon?«

Er antwortete nicht. Er entfernte sich mit schwerfälligen Schritten.

Er ging auf eine Maschine zu, die in unmittelbarer Nähe

stand: das Flugzeug der »Sabena«. Paris – eine Flugstunde! Aber sechs Stunden bis zum Abflug würde er noch warten müssen – und wieviel schreckliche Dinge konnten sich noch in dieser Zeit ereignen!

Er ging auf und ab, die Hände in den Hosentaschen vergraben.

Nach und nach tauchten Bilder in seiner Erinnerung auf. Er spürte Schweißtropfen auf seiner Stirn, und seine Hände verkrampften sich ...

Vor ihm der Leichnam – die Säge ... Seine Finger waren rot, und er schwitzte. Fürchterlich! Und es mußte so schnell gehen, so sehr schnell ...

Er sah, wie er die Pakete unter dem Bett verstaut hatte, wie er den Fußboden mit viel Wasser aufwusch.

Und dann die Klingel, die Klingel, die noch in seinem Kopf dröhnte! Era war nach Hause gekommen.

Am Abend gab es einen Rindfleischeintopf mit Kartoffeln. Era hatte gekocht. Und er hatte mit sehr gutem Appetit gegessen.

Dann war Era schlafen gegangen. Endlich konnte er die erste Fahrt unternehmen und das Auto des Ermordeten zum Hafen hinunterbringen. Dann die drei Pakete, die er in seinem VW verstaute ... Der Tunnel unter der Schelde ... In Höchstgeschwindigkeit ... Das Scheldeufer von Sankt Annen ... Der verlassene Graben ...

Er sah sich nachts in der Altstadt, vor den gläsernen Erkern, in denen die Dirnen von Antwerpen sich anbieten.

Ein hübsches Mädchen, ein wenig stark. Der weite Ausschnitt ihrer Bluse hatte ihn angezogen. Sie war übertrieben stark geschminkt, und ihre Stimme hatte einen männlichen Klang. Er war dankbar gewesen, daß sie ihn nicht mit Fragen belästigt hatte ...

Er erinnerte sich, beim Fortgehen an der Straßenecke unter einer kleinen schmiedeeisernen Laterne die nachsichtig lächelnde Steinstatue eines Heiligen angeschaut zu haben ...

Ein halbe Stunde später, zu Hause, war er tief und ruhig eingeschlafen.

An diesem Punkt seiner Erinnerungen angelangt, wurde er plötzlich ruhiger. Er ging in den Wartesaal des Flughafens zurück zu seiner Frau, die dort auf einer Bank eingenickt war.

Aber erst als die Maschine der »Sabena« sich von der Startbahn abhob und an Höhe gewann, fühlte er sich wirklich frei. Die Würfel waren gefallen.

Er würde von nun an nichts mehr befürchten müssen. Er tastete nach dem Säckchen Edelsteine in der Jackentasche. Niemand würde sie ihm nehmen können.

Mit einem Seufzer der Erleichterung lehnte er sich in den schmalen Polstersitz.

Das Flugzeug hatte Höhe gewonnen und zog sonor dröhnend seine Bahn. Die vibrierende Kraft der Motoren übertrug sich auf Simon Luria, erfüllte ihn mit Zuversicht.

Es war jetzt Freitag geworden, der 23. März, etwa neun Uhr morgens. Etwa vierundsechzig Stunden waren vergangen, seit der Tat.

Vierundsechzig Stunden und einige hundert Kilometer lagen zwischen ihm und seiner blutigen Tat. Und die Entfernung wuchs, mit einer Geschwindigkeit von 500 Kilometern in der Stunde. Bald würden vorn, neben dem Cockpit, die Signale aufleuchten »Bitte anschnallen – Rauchen einstellen«. Die charmante Stewardeß würde Bonbons für die Landung verteilen.

Neben ihm döste seine Frau Era, das schlafende Baby fest im Arm. Sie ahnte nichts von dem vergossenen Blut. Sie hatte ja auch nur ihrem Mann zu folgen. So hatte er es immer gehalten. Außerdem sollten auch Era und das Kind von dem Wohlstand profitieren, der nun für sie alle beginnen würde.

Doch meistens kommt es anders, als man denkt; denn die graue Spinne spannte bereits ihr Netz, als der Mörder des Diamantenhändlers in Richtung Paris flog.

Noch am 22. März hatte die belgische Interpol-Zweigstelle ein Telegramm aufgegeben. Adresse: Paris, Rue Paul Valéry Nr. 37. Hier in einem ruhigen, altmodischen Gebäude, wenige Schritte von der Avenue Foch und dem Bois de Boulogne entfernt, befindet sich das Hauptquartier von Interpol.

Das Telegramm trug die Nummer 656-237. Aufgabezeit: 14.10 Uhr. Es meldete das Verbrechen und die besonderen Tatmerkmale. Vermutlich, so hieß es, würde der Täter versuchen, die erbeuteten Diamanten im Ausland loszuwerden.

Eine normale Dienstmeldung also. Routinesache. Aber immerhin: Die graue Spinne zog die ersten Fäden.

Daran hatte der Mörder nicht gedacht, und noch etwas hatte er in seinen Plan, über Leichen zu gehen, um reich zu werden, nicht einkalkuliert: den Klatsch der Nachbarn in Antwerpen . . .

Am Morgen des 23. März – die »Sabena«-Maschine ist gerade in Brüssel gestartet – füllt sich das Gemischtwarenlädchen der Frau Kelde in Antwerpen, La-Morinière-Straße.

Für die Leute aus der La-Morinière-Straße ist das Geschäft längst mehr als nur ein Kaufladen. Es ist die Nachrichtenbörse, in der man den letzten Klatsch über die Nachbarschaft austauscht. Die Duponts haben sich jetzt auch ein Fernsehgerät gekauft, wie die das nur machen? Und so weiter. Harmloser Klatsch mit ein bißchen Gift und Bosheit.

An diesem Morgen jedoch interessierte man sich nicht für Duponts TV. Es gibt ein aufregenderes Thema. Der bestialische Mord an dem Diamantenhändler Matjelès ist noch immer das Tagesgespräch.

»Mein Gott«, klagt Frau Kelde, »das muß ein Verrückter gewesen sein. Einen Mann so einfach in Stücke zu schneiden . . .«

»Und die Polizei hat noch nicht die geringste Spur. Natürlich nicht. Ich möchte einmal wissen, womit die ihr Geld . . .«, fällt der alte Rentner aus dem vierten Stock ein.

Doch dann nimmt das Gespräch eine unerwartete Wendung, eine – wie sich herausstellen wird – für den Mörder höchst fatale Wendung. Es ist der alte Herr, der sie herbeiführt.

»Sagen Sie, Frau Kelde, was treiben eigentlich die Lurias?« fragt er unvermittelt. »Ich habe sie heute noch nicht gesehen.«

Als der Name Luria fällt, wird es augenblicklich still im Laden. Man mag diese Lurias nicht. Ein eingebildeter Laffe, der Mann. Will etwas Besseres sein, schimpft sich Pharmaziestudent und schämt sich nicht, vom kleinen Lehrerinnengehalt seiner Frau zu leben. Zwei linke Hände hat er, das ist alles. Nein, man mag ihn nicht.

»Das hatte ich ja ganz vergessen«, läßt sich Frau Kelde hören, »die Lurias sind gestern abgereist. Er kam ganz aufgeregt herein, bezahlte die Wochenrechnung und erklärte mir, er müsse mit seiner Familie sofort nach Israel fliegen. Eine kranke Tante oder so was, ich weiß es nicht mehr genau.« Frau Kelde bricht plötzlich ab. Sie schluckt. Einmal, zweimal. Dann sagte sie: »Jetzt, wo ich wieder daran denke, seltsam . . .«

»Nun machen Sie aber einen Punkt, Frau Kelde«, unterbricht eine Kundin, »was soll denn daran seltsam sein, wenn man zu einer kranken Tante fährt.«

»Und sein Auto hat er auch verkauft. Von einer Stunde zur anderen«, sagt Frau Kelde nur.

»Das Geld wird er für die Flugkarte gebraucht haben.«

Aber das überzeugt Frau Kelde nicht. »Ich will ja nichts gesagt haben«, druckst sie herum, »aber seit man den Mord an dem Diamantenhändler entdeckt hat, kam er mir – und ich erinnere mich genau – richtig unheimlich vor. Gestern und vorgestern bin ich ihm ein paarmal im Treppenhaus begegnet. Jedesmal ist er zusammengeschreckt, als er mich sah – wie ein ertappter Mörder . . .«

Wie ein ertappter Mörder. Ein furchtbares Wort, ein schlimmer Verdacht. Er gründet sich auf nichts, ist Gerede. Aber weil man in diesem Haus die Lurias nicht mag, traut man ihnen alles zu.

Der alte Rentner gibt sich einen Ruck und faßt einen Entschluß. »Bedienen Sie mich schnell, Frau Kelde, ich muß zur Polizei!«

Kommissar Jordaens gilt als die Ruhe in Person. Mit Recht. An jenem 23. März aber drohte er bereits am frühen Morgen zu explodieren.

Die Morgenzeitungen schossen aus allen Rohren gegen die Polizei, die im Mordfall Matjelès noch völlig im Dunkeln tappte. Die Unmutsfalte auf der Stirn des Untersuchungsrichters wurde immer tiefer. Man wollte den Mörder hinter Schloß und Riegel wissen. Und er, Kommissar Jordaens, sollte ihn greifen.

Das Telefon schrillte. »Jordaens am Apparat. Bitte, wer? Kenne ich nicht«, bellte er in die Muschel.

Er hatte nicht übel Lust, den Hörer wieder auf die Gabel zu knallen. Ein Mann ließ sich melden. Behauptete, er habe einen wichtigen Hinweis im Fall Matjelès zu geben. Sicher wieder so eine neunmalkluge Klatschtante – wenn Männer schon . . .

Doch dann siegte der erfahrene Kriminalist in Kommissar Jordaens. Und er sagte: »Na gut, schicken Sie den Mann 'rauf.« Auf eine Niete mehr oder weniger kam es jetzt auch nicht mehr an. Und vielleicht wußte der Unbekannte wirklich etwas.

Es sah nicht so aus. Was der Rentner aus der La-Morinière-Straße atemlos zu berichten wußte, klang ganz wie gehässiger Nachbarsklatsch. Warum, zum Teufel, sollten die Lurias nicht nach Israel fliegen!

Widerwillig folgte der Kommissar seiner inneren Stimme, die ihm sagte: Jede Spur, auch die dürftigste, muß verfolgt werden. »Los, fahren wir«, knurrte er mißvergnügt.

Eine Stunde später hätte er den Alten am liebsten umarmt.

In der Wohnung der Lurias mußte man nicht nach Spuren suchen. Sie drängten sich den Kriminalbeamten auf: Blutflecke, besudelte Kleidungsstücke und – in einem Schrank – die Mordwaffen: ein Beil, eine Säge, ein Messer.

Jetzt kann der internationale Fahndungsapparat in Aktion treten. Der Wettlauf mit dem Mörder beginnt. Er hat viele Stunden Vorsprung ...

»Hallo, Kommissar Raillet, hier ist Jordaens, Antwerpen, wir haben sie identifiziert ... Ja, einen Moment, ich gebe Ihnen das Signalement durch ...«

Durch die Telefonkabel zwischen Antwerpen und Brüssel jagt der Steckbrief des Mörders: »Simon Luria, ich buchstabiere: Ludwig-Ulrich-Richard-Ida-Anton. Sechsundzwanzig Jahre alt. Student. Chemie oder Pharmazie. Seine Frau Era, geborene Lishewski, dreiundzwanzig Jahre. Achtung, sie haben ein kleines Kind bei sich. Fünf Monate alt. Alarmieren Sie Flughäfen und Grenzübergänge.«

Der Alarm an der belgischen Grenze kommt zu spät. Aber das »Sabena«-Büro teilt mit, daß die Lurias einen Flug nach Paris gebucht haben. Abflug am frühen Morgen.

Kommissar Raillet in Brüssel setzt sich sofort mit dem »Belgischen Nationalen Zentralbüro« der Interpol in Verbindung. Interpol Brüssel telegrafiert an die Zentrale in Paris. Gesuch um die »provisorische Festnahme« des Simon Luria und seiner Frau, »vermutlich eines Mordes schuldig«. Das Auslieferungsgesuch würde auf dem üblichen diplomatischen Weg folgen.

Interpol alarmiert die Flugpolizei in Orly.

Flugplatz Orly. Sprungbrett in die große weite Welt. In der riesigen Empfangshalle drängen sich Menschen aller Kontinente und Rassen. Kommissar Colon von der Flugpolizei mustert sie mit geübtem Blick. Fehlanzeige. Hier ist niemand, auf den der Steckbrief in seiner Tasche zutrifft.

Colons Kollege, der Inspektor Planchet, wacht am anderen Ende der Halle. Von den Lurias keine Spur.

Colon winkt Planchet zu sich heran und spricht auf ihn ein. Dann gehen beide die Treppen hinunter ins Erdgeschoß, zum Büro der Air France.

Die Bodenstewardeß – ein dunkelhaariges, junges Geschöpf mit rundlichem, sehr fraulichem Gesicht – lächelt ihnen erwartungsvoll entgegen. »Hallo, Kommissar Colon, was verschafft mir die Ehre?«

»Bon jour, Mademoiselle. Ich komme noch einmal wegen dieser Lurias, die einen Air-France-Flug nach Tel Aviv für heute nachmittag gebucht haben. Wir sprachen vorhin schon am Telefon von ihnen. Können Sie sich erinnern, ob sie vielleicht irgendeinen besonderen Wunsch äußerten?«

»Das kann ich leider nicht sagen. Die Buchung der dreiköpfigen Familie Luria nahm meine Kollegin entgegen – Moment, bitte.« Sie greift zum Telefon. »Hallo, Annie, bleib bitte am Apparat, ein sehr charmanter Herr möchte dich sprechen.«

Der Kommissar greift zum Hörer. »Entschuldigen Sie die Störung, Mademoiselle. Erinnern Sie sich, heute morgen Flugkarten ausgestellt zu haben auf den Namen Luria? Ein junger Mann mit Brille, groß – ja, genau das, mit Frau und Baby. Haben sie Ihnen keine Frage gestellt? . . . Nun, ich meine, daß sie vielleicht wissen wollten, wie sie die Zeit bis zum Abflug verbringen können . . . Hallo? Ja, ich höre – gut – sehr gut – das ist ausgezeichnet – danke.«

Die Stewardeß fragt, ob er die gewünschte Auskunft erhalten habe. Kommissar Colon antwortet mit einem vielsagenden Grinsen. Zusammen mit Planchet verläßt er das Büro.

Diesmal nehmen sie den Aufzug und fahren bis zum vierten Stock, zum »Air-Hotel«, dem Palasthotel des Flughafens Orly. Colon bittet den Empfangschef um eine Auskunft und erhält sie. Sie gehen in den Flur. Der Kommissar prüft die Zimmernummern und gibt dem Inspektor ein kurzes Zeichen. Der Inspektor zieht seinen Revolver.

Das Zimmer hat die Nummer 41. Colon klopft an und tritt ein, ohne eine Antwort abzuwarten.

Den Polizisten bietet sich ein verblüffendes Bild. Ein Mann, halbnackt, liegt auf dem Bett des wohltemperierten Raumes, die Hände hinter dem Nacken verschränkt. Am anderen Ende sitzt die Frau, dunkler Typ, im Morgenrock. Sie bereitet gerade die Flasche fürs Baby. Ein Familienidyll. Das sollten sie sein?

»Simon Luria?« fragt Kommissar Colon.

Der Mann stützt sich auf seinen Ellbogen. »Ja, der bin ich. Und was wollen Sie?«

»Kommissar Colon. Ich muß Ihnen im Auftrag von Interpol einige Fragen stellen. Im Zusammenhang mit dem Tod eines

Antwerpener Diamantenhändlers mit dem Namen Armand Matjelès.«

Luria zuckt zusammen. Leichenblässe dringt in sein Gesicht. Schwerfällig erhebt er sich, wankt zum Stuhl, streift Hemd und Jacke über. Dann sagt er mit tonloser Stimme: »Ich folge Ihnen.«

Der Polizist dreht sich fragend zu der jungen Frau um. Luria verfolgt die Bewegung, und dann schreit es aus ihm heraus: »Nein, nein! Era hat nicht das geringste damit zu tun.«

»Also Sie?«

Er schlägt die Augen nieder. »Ja, ich habe einen Menschen getötet.«

Die Babyflasche gleitet der Frau aus der Hand. Für Era Luria fällt eine Welt in Scherben.

Wenige Tage nach seiner Verhaftung im »Air-Hotel« von Orly wurde Simon Luria an Belgien ausgeliefert. Im September 1962 stand er in Antwerpen vor dem Untersuchungsrichter. Entscheidend für dessen Urteil war das Gutachten der Psychiater. Sie bezeichneten den Simon Luria als »geistesgestört im höchsten Grad« und deshalb nicht verantwortlich für seine abscheuliche Tat. Die Staatsanwaltschaft ordnete daraufhin seine Internierung an. Höchstzeit: fünfzehn Jahre.

Zwischen der Ermordung des Diamantenhändlers Matjelès in Antwerpen und der Verhaftung des Täters in Paris lagen knapp drei Tage. Siebzig Stunden. Nicht immer geht es so schnell. Manchmal dauert es Jahre. Aber irgendwann und irgendwo verfangen sich die meisten Gesetzesbrecher im Netz der grauen Spinne.

Denn: Dieses unsichtbare Netz der Interpol reicht von Land zu Land, über Grenzen und Meere hinweg von Kontinent zu Kontinent. Die Polizeiorganisationen von achtundachtzig Nationen haben sich Interpol angeschlossen.

Interpol mit der gnadenlosen Devise: Kein Versteck mehr für den Verbrecher.

»Interpol schnappt fast alle«, sagte unlängst der Chef der Hamburger Kriminalpolizei. Er stand, als er dies sagte, an einem Kai im Hafen. Eine Stunde zuvor hatte man die Leiche einer etwa dreißig Jahre alten Frau aus dem trüben Wasser gezogen.

Der Hals der Toten war mit einem Stück Schiffstau zugeschnürt. Es gab nicht den geringsten Zweifel. Es war Mord.

Würde man den Mörder je greifen? Ein dabeistehender Journalist gab sich skeptisch. »Der Mörder war vermutlich ein Seemann«, sagte er, »und sein Schiff hat bestimmt schon längst den Hafen verlassen. Eher finden Sie eine Stecknadel in einem Heuhaufen.«

»Abwarten«, sagte der Hamburger Kripoboß brummig, »den kriegen wir. Interpol schnappt die meisten.«

Schon ein halbes Jahr später stand der Mörder vor Gericht. Er war ein junger holländischer Matrose. Henk Venstra hieß er. Er gestand, die Frau an Bord eines Küstenmotorschiffes im Rausch erwürgt zu haben. Interpol hatte den Holländer in Norwegen aufgespürt. Die Stecknadel im Heuhaufen.

Morde sind die grauenhaftesten Fälle in den Akten von Interpol. Gewiß. Aber tatsächlich geht es meist nicht um Mord und Totschlag, wenn Interpol um Hilfe angerufen wird. Die meisten »Kunden« der »Internationalen kriminalpolizeilichen Kommission« gehören vielmehr der großen Armee internationaler Gangster – Geldfälscher, Rauschgiftschieber, Mädchenhändler, Juwelendiebe – an.

Im Juli 1939 war es eine betörend schöne und zugleich unvorstellbar raffinierte Betrügerin, die Interpol-Alarm auslöste. Funksprüche jagten zwischen den Metropolen Europas hin und her. Was war geschehen?

Die geniale Betrügerin der Place Vendôme

Sommer 1939. Am politischen Horizont ballen sich dumpfe Gewitterwolken zusammen, aber der Himmel über Europa ist makellos blau. Es ist, als wolle dieser letzte Sommer vor dem Krieg die geplagten Menschen im voraus ein wenig für das Unheil und Leid entschädigen, das ihrer harrt. Noch einmal illuminiert eine strahlende Sonne die Schönheit und – die charmanten Schönheiten dieser Welt.

Die junge Dame, die an jenem heiteren Julitag die Rue de la Paix in Paris entlangfährt, gehört unbestritten zu den charmanten Schönheiten dieser Erde. Sie ist in den reifen Jahren zwischen dreißig und fünfunddreißig, blond, sehr hübsch, sehr elegant.

Links und rechts gleiten an ihren erwartungsvoll glänzenden Augen die Modehäuser, Parfümerien und Juweliergeschäfte vorüber, die die Rue de la Paix zur Traumstraße der verwöhnten Weiblichkeit gemacht haben. An der Place Vendôme, dem Schmuckkasten der Pariserin, läßt sie den livrierten Fahrer ihres cremefarbenen Talbot halten.

Ein kurzer, suchender Blick. Dann hat sie das luxuriöse Geschäft des Juweliers Vignaud gefunden. Vignaud ist hell entzückt von diesem Besuch.

»Welch ein Juwel von einer Frau«, sagt er zu sich selbst, und er zweifelt keinen Augenblick an der Richtigkeit seiner Einschätzung.

»Monsieur Vignaud«, sagt sie mit einer melodischen Stimme, »ich hätte mir gern Ihre Kollektion angesehen.« Und mit einem huldvollen Augenaufschlag: »Man sagt, Monsieur, Ihre Diamantenkolliers seien die schönsten in ganz Paris.«

Monsieur verbeugt sich leicht. »Madame, Sie tun mir zu viel Ehre an. Bitte, nehmen Sie in diesem Sessel Platz. Ich werde Sie nicht lange warten lassen.«

Er geht in den Nebenraum und holt aus einem Tresor die auf schwarzen Samt gebetteten Kolliers hervor. Funkelnde, blitzende Diamanten, Sehnsucht der Frauen.

Monsieur Vignaud denkt an diese charmante Kundin. Wie alt sie wohl sein mag? Er schätzt sie auf dreißig oder wenig mehr. Französin? Er ist nicht ganz sicher, denn da ist dieser leichte, fremde Akzent. Auf jeden Fall eine Dame von Welt.

Der geübte Blick für echte und schlechte Kunden hat ihn bis jetzt vor Reinfällen bewahrt. Bis jetzt . . .

Ob die Schöne im Salon wohl verheiratet ist? Auch diese Frage beantwortet sich der Amateur-Sherlock-Holmes mit einem eindeutigen »Ja«. Sie hat das sichere Auftreten einer »gnädigen Frau«, deren Mann zur Creme der Gesellschaft gehört.

Zufrieden mit sich selbst und seiner Diagnose betritt der Juwelier wieder seinen Salon. »Voilà, Madame! Dieses Kollier dürfte es wert sein, von Ihnen getragen zu werden«, sagt er galant. »Darf ich Ihnen beim Anlegen behilflich sein?«

Er tritt zur Seite und beobachtet die Frau bei ihrem stummen, beinahe andächtigen Dialog mit dem kostbaren Geschmeide. Er schweigt, denn dies ist für ihn die Minute der Wahrheit, die keine Störung verträgt.

Aber die Kundin legt das Kollier nieder und läßt den Blick

über die anderen Samtplatten schweifen. Und jetzt tritt wirklich Glanz in ihre Augen.

»Darf ich dieses Kollier anlegen?« fragt sie und deutet auf die zweite Samtplatte von links.

»Aber ich bitte darum, Madame.«

Sie streckt die Hand aus. Bevor ihre Finger den Schmuck berühren, hat Vignaud das Kollier ergriffen und legt es ihr vorsichtig um den schlanken Hals. Ein eindringender Sonnenstrahl entflammt die Steine und läßt sie tausend Funken sprühen.

Selbst Madame Raymonde, die erste Verkäuferin, bleibt stehen, gebannt von diesem Schauspiel der Schönheit. Auf der samtenen, malvenfarbenen Haut der Kundin entfalten die Diamanten einen Glanz, den sie zuvor nicht hatten.

Der Juwelier hält ihr den Spiegel vor, der schon so viele weibliche Gefühlsregungen sah.

Diesmal wird er Zeuge reinen Entzückens. Die Iris in den Augen der Kundin sprüht wie die Steine, die sie mit tastenden Fingern behutsam liebkost.

Dann reißt sie sich unvermittelt aus ihrer Versunkenheit und betritt entschlossen den Boden der harten Tatsachen: »Und wieviel soll das kosten, Monsieur?«

Monsieur Vignaud windet sich. Mit einer schönen Frau über Geld zu sprechen erscheint ihm peinlich wie ein anzüglicher Witz. Die Frau soll wählen, der Ehemann bezahlen. Schließlich sagt er, fast flüsternd: »Zweihunderttausend Francs.« (Dieser Summe entsprächen heute etwa 200 000 DM.)

Sie zuckt fast unmerklich zusammen, und wenn Monsieur Vignaud jetzt aufmerksam gewesen wäre, hätte er ein triumphierendes Lächeln registrieren können, das für den Bruchteil einer unbeherrschten Sekunde über ihr Gesicht huscht. Es hätte ihn zumindest stutzig machen müssen, aber ihn bewegt jetzt nur noch eines, die Gewißheit nämlich, daß diese Kundin kaufen wird.

Und Madame bestätigt ihm dies. Ohne ein Wort über den astronomischen Preis zu verlieren, sagt sie nur: »Sie werden verstehen, Monsieur, daß ich erst noch mit meinem Gatten sprechen muß, aber wenn er von diesem Kunstwerk ebenso begeistert ist wie ich . . .«

»Ich bin überzeugt, Madame, daß Ihr Geschmack auch der seine ist . . . Darf ich fragen, mit wem ich die Ehre habe?«

»Ich bin Madame Plessis-Lebreton.«

Monsieur Vignaud verbeugt sich tief. Der Professor Plessis-

Lebreton ist ein namhafter Wissenschaftler, Mitglied der Académie de Médecine, dessen Arbeiten auf dem Gebiet der Psychiatrie Weltruf genießen. Obendrein ein sehr vermögender Mann.

»Wann wird es möglich sein, Madame, Ihnen den Schmuck zu übergeben?«

»Wann Sie wollen, cher Monsieur. Ich sagte Ihnen ja, ich muß noch das Einverständnis meines Gatten haben. Übrigens, es wäre mir sehr lieb, wenn Sie sich in unsere Praxis bemühen könnten. Mein Gatte ist, wie Sie sich denken können, sehr beschäftigt, und es kann lange dauern, bis er sich einmal frei machen kann. Ich bin aber sicher, daß er, sagen wir morgen, ein paar Minuten Zeit hat, Sie zu empfangen. Kann ich Sie anrufen?«

»Selbstverständlich, Madame. Mit Vergnügen. Erlauben Sie, hier meine Visitenkarte. Sie können mich jederzeit erreichen. Ich stehe Ihnen ganz zur Verfügung.«

Sie nimmt ihre beigefarbene Krokodiltasche und verläßt das Juweliergeschäft. Die Sonne blendet sie einen Augenblick. Sie bleibt stehen und kauft bei einem Zeitungshändler den »Paris-Soir«. Der Chauffeur erwartet sie, Mütze in der Hand, vor dem geöffneten Wagenschlag des luxuriösen Talbot. Beim Einsteigen läßt der Rock fein geformte Beine sehen.

Der Wagen fährt die Rue de la Paix hinauf in Richtung der Oper und verschwindet im lärmenden Pariser Verkehr.

Ein vornehmes Privathaus im Stadtteil Parc Monceau, im Stil der Jahrhundertwende, mit allegorischen Steinverzierungen. Die Fassade ist stattlich, das Namensschild des Bewohners von vornehmer Zurückhaltung, klein.

Die elegante junge Frau vergleicht den Namen, drückt auf den Klingelknopf. Nach einigen Sekunden öffnet ein sehr junges Dienstmädchen. »Madame?«

»Ich möchte zu Professor Plessis-Lebreton.«

»Sind Sie angemeldet?«

»Ja, für vier Uhr.«

»Bitte, kommen Sie herein, Madame.«

Die Frau folgt dem Hausmädchen in einen im Louis-XVI-Stil möblierten Salon. Im Vorübergehen bewundert sie den erlesenen Geschmack, mit dem dieser Raum eingerichtet ist.

»Wen darf ich anmelden?«

»Madame Vignaud – Claire Vignaud. Bitte, übergeben Sie meine Karte.«

Die Besucherin streift langsam die Handschuhe ab und prüft mit interessiertem Blick die Einrichtung des Salons. Ihre Augen verweilen kurz auf einer Vitrine, hinter der kleine Jadestatuen kunstvoll aufgebaut sind. Unerschwinglich viel Geld muß das gekostet haben. Bei dem Gedanken daran verzieht sich ihr Gesicht zu einem häßlichen Grinsen.

»Madame Vignaud, der Herr Professor läßt bitten.«

Der Professor sitzt hinter seinem Schreibtisch, auf dem sich Papiere und Fachzeitschriften stapeln. Er hat seine Lesebrille abgenommen, putzt die Gläser und betrachtet aufmerksam seine Besucherin. Sie hat die Beine übereinandergeschlagen; ihr ausdrucksvolles Gesicht ist von einer seltenen Schönheit. Er kann sich nicht erinnern, ihr schon einmal begegnet zu sein, aber natürlich hat er schon von ihrem Mann gehört, den man für einen der reichsten Juweliere der Stadt hält.

»Bitte sprechen Sie, Madame.«

Sie zögert, ihre Augen flackern unruhig: »Herr Professor, ich bin ein wenig verwirrt ... Ich weiß nicht recht, wie ich beginnen soll – ich – ich ...«

Er hat einen Augenblick lang das unbehagliche Gefühl, die Frau wolle ihm eine verkorkste Ehe und unbefriedigte Liebe beichten, wie so viele, die bei ihm Trost und Rat suchen und denen er nicht helfen kann, weil Reichtum und frauliches Glück nur selten zueinanderfinden.

Aber Madame Vignaud, wie sie sich nennt, kommt nicht in eigener Sache.

»Ich komme – ich fürchte um den Geisteszustand meines Mannes.«

»Nun aber langsam, Madame«, sagt der Professor mit väterlicher Wärme in der Stimme. »Erzählen Sie mir erst einmal, wie Sie zu dieser, ich muß schon sagen, sehr seltsamen Vermutung kommen.«

»Herr Professor«, und nun sprudelt es aus ihr heraus, »wir sind seit sieben Jahren verheiratet, glücklich verheiratet, wie ich mir einbilde. Mein Mann ist Juwelier, er liebt seinen Beruf, und ich bin stolz auf ihn, denn man sagt, daß er in seinem Fach zu den Besten zählt. Meine Freundinnen beneiden mich, sie halten Pierre für einen idealen Ehemann. Das heißt, sie hielten ihn dafür. Das ist jetzt anders.«

»So. Und warum das?«

»Alles hat vor fünf oder sechs Wochen angefangen. Zunächst

habe ich der Sache keine große Bedeutung beigemessen. Jetzt ist es aber nicht mehr auszuhalten ... Mein Mann kann niemandem begegnen, ohne sich einzubilden, einen Kunden oder eine Kundin vor sich zu haben. Im Restaurant, im Theater, auf Gesellschaften, überall belästigt er die Leute, faßt sie am Rockaufschlag, um ihnen ein ›gutes Geschäft‹ vorzuschlagen. Er wird geradezu aufdringlich, wenn er versucht, ihnen einen Ring, eine Brosche oder ein Kollier aufzuschwatzen ... Sie ahnen gar nicht, Herr Professor, in welch peinliche Situationen er uns schon gebracht hat. Ich beginne um unseren Ruf zu fürchten. Das kann doch nicht normal sein, das ist doch krankhaft.«

Ihre Augen werden feucht. Professor Plessis-Lebreton senkt taktvoll den Blick. Was er da gehört hat, erscheint ihm nicht sehr beunruhigend. Überarbeitung vielleicht, eine fixe Idee. Deshalb aber ist man noch lange nicht geisteskrank.

»Verehrte gnädige Frau«, sagt er schließlich, »Sie sehen da einfach zu schwarz. Solche Zwangsvorstellungen lassen sich sehr leicht kurieren. Vielleicht können Sie Ihren Gatten dazu bewegen, mich einmal aufzusuchen.«

»Ich muß Ihnen gestehen, daß ich schon daran gedacht habe. Ich glaube schon, daß ich ihn von der Notwendigkeit eines solchen Besuches überzeugen kann.«

»Um so besser – welchen Zeitpunkt sollen wir ...?«

Das Telefon unterbricht den Professor. »Ja, hier Plessis-Lebreton, ja persönlich ... Was sagen Sie da ...?«

Die Frau versucht, in seinem Gesicht zu lesen. Sie fühlt sich plötzlich unbehaglich und erblaßt unter ihrem Make-up.

Der Professor lacht belustigt auf: »Aber nein, Monsieur, ich bin nicht verheiratet, war es nicht und werde es wahrscheinlich nun auch nicht sein. Danke, keine Ursache.«

Er legt den Hörer in die Gabel. »Entschuldigen Sie die Unterbrechung. Es ging um eine Einladung – aber nun zurück zur Sache. Wollen wir sagen morgen nachmittag um fünf?«

»Ausgezeichnet, Herr Professor und vielen, vielen Dank. Nur eins noch: Ich wäre gerne anwesend. Können wir es nicht so einrichten, daß ich ein paar Minuten vor meinem Gatten eintreffe, damit mich mein Mann hier vorfindet? Es wäre ihm sicherlich peinlich, sich von mir begleiten zu lassen. Aber im Grunde genommen wird er sehr froh sein, mich an seiner Seite zu wissen.«

»Sehr gern, Madame, nichts ist einfacher. Sie können im Salon auf Ihren Gatten warten. Ich werde meine Sprechstundenhilfe bitten, Sie allein zu lassen. Sie können dann noch ein paar Worte mit ihm wechseln. Anschließend werde ich ihn zu mir bitten lassen.«

»Ich bin Ihnen sehr verbunden, Herr Professor. Würde es Ihnen morgen gegen fünf Uhr angenehm sein?«

»Das läßt sich einrichten. Also morgen denn. Um fünf. Ich habe mich sehr gefreut, Sie kennenzulernen, Madame.«

Der Professor begleitet seine Besucherin zur Tür und küßt ihr die Hand.

Wenig später klingelt bei Monsieur Vignaud, dem Juwelier, das Telefon. Würde es der Anruf sein, auf den er den ganzen Tag gewartet hat? Er ist es.

Er hört in der Muschel die unverkennbare Stimme der interessanten Frau, der er am Vormittag seine Diamantenkolliers vorgeführt hat.

»Hier spricht Madame Plessis-Lebreton«, sagt sie. »Ich habe eben mit meinem Mann gesprochen. Er würde sich freuen, Sie morgen nachmittag um fünf Uhr zu empfangen.«

Juwelier Vignaud strahlt vor Zufriedenheit. Das ist ein großer Tag. Er hat sein teuerstes Kollier verkauft. Er hat sein schönstes Geschmeide an eine der schönsten Frauen von Paris verkauft. Und das Gefühl des Stolzes befriedigt ihn fast noch mehr als der Gedanke an den Gewinn. Denn im Grunde seines Herzens ist er ein Künstler.

Er ahnt noch nicht, daß er gut vierundzwanzig Stunden später ein »Fall« für Interpol ist . . .

Anderntags pünktlich um fünf Uhr übergibt der Juwelier Vignaud Hut und Handschuhe dem Dienstmädchen des Professors Plessis-Lebreton. Ein flaches, in Seidenpapier gewickeltes Kästchen behält er in der Hand.

»Ich bin mit dem Herrn Professor für fünf Uhr verabredet.«

»Sind Sie Monsieur Vignaud?«

»Ja, der bin ich. Hoffentlich komme ich nicht zu spät.«

»Im Gegenteil, Monsieur, der Herr Professor bittet Sie, sich noch einen Augenblick zu gedulden. Würden Sie bitte im Salon warten?«

Das Mädchen öffnet die Tür zum Salon und gibt einer dort wartenden Dame ein diskretes Zeichen. Dann läßt es den Juwelier Vignaud eintreten und zieht sich zurück.

Monsieur Vignaud erkennt in der Dame, die – ein Buch in der Hand – auf dem Diwan ruht, sofort seine schöne Kundin vom Vortag wieder. Madame Plessis-Lebreton.

Sie erscheint ihm noch eleganter in ihrem Kleid aus rotem Seidenmusselin. Sie trägt nur wenig, aber geschmackvollen Schmuck: eine dreireihige Perlenkette.

Monsieur Vignaud bleibt verlegen stehen. Er hat das Gefühl, gestört zu haben. Und das ist ihm peinlich. Madame scheint es zu bemerken, schlüpft in ihre Schuhe und wendet sich ihm mit einem huldvollen Lächeln zu.

»Ich freue mich, Sie zu sehen, Monsieur. Bitte nehmen Sie doch Platz«, sagt sie und zeigt auf einen der drei antiken Sessel.

Der Juwelier verbeugt sich. »Professor Plessis-Lebreton muß sich glücklich schätzen, ein so zauberhaftes Wesen zur Frau zu haben«, geht es ihm durch den Kopf.

»Mein Mann wird Sie gleich empfangen«, sagt Madame und fährt dann leiser, mit einem Anflug von Vertrautheit fort: »Er ist schon fast einverstanden. Aber Sie müssen mir helfen, seine letzten Zweifel zu beseitigen, nicht wahr?«

»Selbstverständlich, Madame, das ist doch mein Beruf!«

»Ach bitte, Monsieur«, ihre Stimme ist nun noch bittender, noch einschmeichelnder, »könnte ich das Kollier noch einmal sehen?«

Juwelier Vignaud faltet das Seidenpapier sorgfältig, fast feierlich auseinander und öffnet den Verschluß der Samtschatulle. Da liegt das herrliche Geschmeide in seiner funkelnden Pracht.

»Oh, es ist ja noch schöner, als ich es in meiner Erinnerung hatte«, entfährt es der angeblichen Madame Plessis-Lebreton. Sie tritt auf den Juwelier zu, nimmt das Kollier von seinem samtenen Bett und legt es sich verzückt um den Hals. »Darf ich es noch einmal vor meinem Frisiertisch anprobieren, oder nein . . .«, ihr scheint eine blendende Idee gekommen zu sein, »ich weiß, wie wir meinen Mann am sichersten überzeugen können. Ich werde mein Abendkleid anziehen und das Kollier gleich umlegen. Sie entschuldigen mich bitte . . .«

»Eine ausgezeichnete Idee, gnädige Frau, wenn Sie sich die Mühe machen wollen . . .«

Sie nimmt das Kollier und verläßt den Salon. Der Juwelier folgt ihr mit den Augen bis zur Tür. Im Geiste sieht er, wie sie sich von ihrem Mädchen in die Galagarderobe helfen läßt. Und seine Augen glänzen erwartungsvoll . . .

Professor Plessis-Lebreton blickt auf die Uhr. Viertel nach fünf. »Na«, denkt er, »fünfzehn Minuten müßten der Madame Vignaud eigentlich genügen, um ihrem Mann Mut zuzusprechen.« Er ist gespannt auf den Juwelier, von dem er schon viel gehört, den er aber noch nie gesehen hat. Seltsam, was Madame Vignaud über die angeblichen Anzeichen einer beginnenden Geisteskrankheit gesagt hat. Wahrscheinlich alles Einbildung . . . Dürfte nicht viel dahinterstecken. Nun, er würde ja sehen.

Er drückt auf den Knopf an seinem Schreibtisch und sagt zu der eintretenden Sprechstundenhilfe: »Bitten Sie die Herrschaften Vignaud doch jetzt herein.«

»Gern, Herr Professor, allerdings – Madame Vignaud ist eben wieder weggegangen.«

»So?« Der Professor stutzt einen Augenblick. Hatte Madame Vignaud nicht gesagt, sie wolle in dieser heiklen Stunde in der Nähe ihres Mannes bleiben? Vielleicht hatte er sie auch falsch verstanden. Um so besser, dann würde er mit dem Patienten allein sein.

Monsieur Vignaud, der nun das Sprechzimmer betritt, macht auf Professor Plessis-Lebreton freilich gar nicht den Eindruck eines Patienten. Ein liebenswürdiger Herr, der vom Scheitel bis zur Sohle Seriosität und Tüchtigkeit ausstrahlt. Vor diesem Mann fürchtet sich Madame Vignaud?

Die beiden Herren begrüßen sich, tauschen ein paar Höflichkeiten aus. »Eine Zigarette?« – »Nein, danke.« – »Dann vielleicht eine Zigarre?«

Wieder lehnt Monsieur Vignaud dankend ab. »Herr Professor, ich bin leidenschaftlicher Nichtraucher. Gestatten Sie mir, daß ich gleich zur Sache komme. Ich weiß, daß Ihre Zeit kostbar ist.«

»Für meine Patienten habe ich immer Zeit, Herr Vignaud, also erzählen Sie mir ruhig, was Sie bedrückt . . .«

Juwelier Vignaud starrt den Professor entgeistert an. »Wie bitte? Was soll ich . . .?«

Aber der Professor läßt sich nicht unterbrechen. »Aber ja«, sagt er besänftigend, »entspannen Sie sich – ganz ruhig – wir haben Zeit. Ich habe bereits gehört, daß Sie unter den Folgen von Überarbeitung leiden. Seien Sie sicher, mein Lieber, das ist nichts Außergewöhnliches. Ich habe schon häufig bei Patienten festgestellt, daß gerade der tägliche Umgang mit Kunden eine besonders anstrengende Sache ist. Und da machen eben eines Tages die Nerven nicht mehr mit. Aber keine Angst, gegen solche Übermüdungserscheinungen sind genügend Kräuter gewachsen.«

Jetzt wird es dem Juwelier wirklich unbehaglich. Was will der Professor nur von ihm? Er ist doch nicht gekommen, um über die Strapazen des modernen Geschäftslebens zu plaudern. Aber vielleicht war es eine Marotte des Professors, in allen Menschen Patienten zu sehen. So etwas sollte es ja geben. Er würde damit fertig werden müssen. Schließlich ging es um ein Bombengeschäft und – Madame mußte jeden Moment kommen – im Abendkleid – mit seinem Diamantenkollier ... Der Professor würde Augen machen.

Also sagt Vignaud einlenkend: »Sie haben schon recht, Herr Professor. An manchen Tagen bin ich wirklich froh, wenn ich das Geschäft abends schließen kann. Nicht alle Kunden machen es einem so leicht wie Sie und Ihre ...«

Jetzt ist es an dem Professor, sich überrascht zu räuspern. »Ich verstehe Sie nicht recht. Wovon reden Sie denn eigentlich?«

»Wovon ich rede? Aber das wissen Sie doch, Herr Professor, von dem Diamantenkollier natürlich.«

»Was für ein Kollier?«

»Das Diamantenkollier, das Ihre Gattin eben gekauft hat, oder vielmehr ...«, verbessert er sich, »kaufen will, sobald Sie Ihr Einverständnis gegeben haben.«

»Also doch«, durchzuckt es den Nervenarzt. Vignaud war also tatsächlich – wie Madame Vignaud geklagt hatte – von der fixen Idee besessen, allen Leuten, die ihm begegneten, Schmuck und Edelsteine aufzuschwatzen. Arme Frau, welch peinliche Situationen muß sie schon durchgestanden haben, wenn Vignaud nicht einmal vor dem Versuch zurückschreckte, ihm, dem Professor Plessis-Lebreton, ein Kollier anzudrehen.

»Lieber Herr Vignaud«, sagt der Professor mit mildem Nachdruck, »es ist absolut ausgeschlossen, daß meine Frau bei Ihnen ein Kollier gekauft hat, und ich will Ihnen auch sagen, warum. Ich bin nämlich nicht verheiratet. Ich bin Junggeselle, unverbesserlicher Junggeselle.«

»Das darf doch nicht wahr sein«, denkt Vignaud. »Dieser Psychiater hat ja offensichtlich einen Klaps ... Aber nein, Herr Professor«, es klingt wie eine Beschwörung, »ich spreche von

Ihrer Gattin, Madame Plessis-Lebreton. Ich habe noch vor ein paar Minuten mit ihr gesprochen. In Ihrem Salon. Sie ist eben mit dem Kollier auf ihr Zimmer gegangen, um ein Abendkleid anzuziehen. Sie will Sie überraschen. Sie muß gleich hereinkommen.«

Der Arzt wird ernstlich besorgt. »Lieber Herr Vignaud, erkennen Sie denn Ihre eigene Frau nicht mehr? Die Frau im Salon war Ihre Gattin, Madame Claire Vignaud.«

Der Juwelier springt erregt auf. »Herr Professor, so ein Possenspiel ist unser einfach nicht würdig. Um es kurz zu machen: Rufen Sie bitte die Nummer Opéra 14-97 an. Dort meldet sich mein Salon. Fragen Sie meine Angestellten, ob ich verheiratet bin oder nicht. Bitte fragen Sie.«

Dieser Ausbruch des Juweliers beeindruckt den Professor. So spricht kein Verrückter; der Mann meint es ernst. Trotzdem ruft Plessis-Lebreton an. »Aber nein, Herr Vignaud ist und war nicht verheiratet«, sagt man ihm.

»Sie sind also auch nicht verheiratet«, sagt der Professor gedankenverloren, »aber dann verraten Sie mir um alles in der Welt, was das ganze Theater soll.«

»Das habe ich Ihnen bereits gesagt«, schnappt der Juwelier. »Ich bin mit einem Kollier in Ihr Haus gekommen. Mit einem sehr wertvollen Kollier, mein Herr. Es kostet zweihunderttausend Franken. Und entweder bekomme ich jetzt einen Scheck, oder Ihre Gattin gibt mir das Kollier zurück.«

»Ich habe keine Frau.« Bei jedem Wort schlägt der Professor mit der Hand auf die Tischplatte.

»Frau oder nicht, dann rufen Sie eben die Dame herein, die mich in Ihrem Salon empfangen hat.«

»Aber die ist doch weggegangen. Sagte ich Ihnen das nicht schon?«

»Weggegangen?« Es kommt wie ein schwaches Stöhnen. »Sagten Sie weggegangen? Um Gottes willen, meine Diamanten.«

Der Arzt drückt auf den Knopf am Schreibtisch. »Herztropfen«, verlangt er. Monsieur Vignaud hat sie nötig.

»Polizei«, röchelt Vignaud, »man muß sofort die Polizei alarmieren. Dieses Luder hat uns betrogen, auf unglaubliche Weise betrogen.«

Plötzlich kommt wieder Leben in den Juwelier, er wird laut, er wird aggressiv: »Jawohl, betrogen hat uns das Luder. Mein Kompliment, Herr Professor. Sie mit Ihrer Allwissenheit! Ein

Psychiater, der sich von einer betrügerischen Person hinters Licht führen läßt, das ist wirklich das Letzte ... Und das mir ... Mein Schmuck ... Mein schöner Schmuck.«

Er stürzt zur Tür, überspringt die wenigen Stufen, die zur Haustür führen, und eilt zu seinem Wagen. Handschuhe und Hut hat er vergessen.

Am anderen Tag kommt er, verlegen und beschämt, um sich bei Professor Plessis-Lebreton zu entschuldigen. Und der Professor verzeiht ihm sein ungebührliches Benehmen. Wie könnte man einem Mann einen Temperamentsausbruch verübeln, wenn er so gründlich hereingelegt worden ist wie unser Monsieur Vignaud.

Für die Männer der Pariser Polizei war es klar, daß die Kollierdiebin keine »Einzelgängerin« gewesen sein konnte. Alles deutete darauf hin, daß sie Mitglied einer internationalen Betrügerbande war. Denn wie wollte sie – ohne Helfershelfer – die Diamanten verkaufen? Sie würden ohnehin nur im Ausland abzusetzen sein.

Der Diamantendiebstahl war also ein klarer Fall für die Interpol. Paris alarmierte Wien, das damalige Hauptquartier der »Internationalen kriminalpolizeilichen Kommission«.

Aber nun profitierten die schöne Betrügerin und ihre Hintermänner von einem Umstand, den sie nicht in Rechnung gestellt haben konnten: Interpol war in diesen Monaten gelähmt.

Die Ursache für die Lähmung war der Wunsch des damaligen Chefs der deutschen Polizei, Heydrich, das Interpol-Hauptquartier von Wien nach Berlin zu verlagern. Als der Juwelier Vignaud seinen Verlust meldete, befanden sich die wichtigsten Unterlagen und Verbrecherkarteien gerade auf dem Weg nach Berlin.

Dieses internationale Verbrecheralbum aber ist das wichtigste Werkzeug von Interpol, ist seine schärfste Waffe im Kampf gegen das internationale Verbrechertum.

Wie unermeßlich wertvoll die Interpol-Kartei ist, erhellt ein Fall aus unseren Tagen.

Vor einiger Zeit wurde im bayerischen Rebdorf ein Mann wegen Herumtreibens aufgegriffen. Man konnte ihm nichts weiter vorwerfen und wollte ihn wieder laufen lassen. Da er aber ein Deutsch mit stark englischem Akzent sprach, beschloß man, zunächst einmal bei Interpol anzufragen.

Interpol Wiesbaden funkte das Signalement des Landstreichers an die Pariser Zentrale. Der Meisterdetektiv Beaulieu befragte seine einzigartige Kartei und erhielt eine erschütternde Antwort:

Bei dem in Rebdorf verhafteten Landstreicher handelte es sich um einen Engländer namens Imre Kilyen. Er hatte in Prestwich in der Grafschaft Lancashire ein Kind bestialisch ermordet.

Imre Kilyen wurde ausgeliefert und zu »lebenslänglich« verurteilt. Ohne Interpol, ohne das riesige Verbrecheralbum von Interpol wäre er seiner gerechten Strafe entgangen.

Aber diese – bereits in den dreißiger Jahren schon sehr umfangreiche – Kartei war nicht greifbar, als die raffinierte Betrügerin bei dem Juwelier Vignaud ihr Glanzstück leistete.

Die Fahndung verlief im Sand, der Krieg brach sie ab. Einer der wenigen Fälle, in denen Interpol keinen Erfolg melden konnte.

Es sei aber dazu noch bemerkt, daß der Juwelier, dessen Namen wir hier geändert haben, heute noch lebt und Besitzer des Geschäftes an der Place Vendôme ist.

Die Schreibtischdetektive im Hauptquartier von Interpol registrieren ihre »Kunden« nach dem sogenannten »Modus operandi« – zu deutsch: Arbeitsweise. Nach ihrer »Masche« also, entsprechend dem Motto: An ihrer Masche sollt ihr sie erkennen.

Auf diese Weise lassen sich Täter identifizieren, die von ihrem Opfer nicht genau beschrieben werden konnten. Denn fast alle Verbrecher stehen unter einem für sie verhängnisvollen Zwang: Sie gehen immer nach dem gleichen Prinzip ans Werk. Daran kann man sie erkennen.

Die »Masche«, auf die der Juwelier Vignaud hereinfiel, wurde nur ein einziges Mal abgezogen. Sie zählt zu den unglaublichsten Gaunereien in den Archiven von Interpol. Aber sie steht, was das Ausmaß an aufgewendeter Raffinesse betrifft, keineswegs einzigartig da.

Ein englischer »Geschäftsmann«, den wir George Carster nennen wollen, ersann sogar eine Methode, wie man sich viel Geld ergaunern kann, ohne gegen die Gesetze zu verstoßen.

Zum Tatort wählte auch er sich Paris. Auch ihm hatten es die Juweliere an der Rue de la Paix angetan.

Mister Carster war ein Mann, der an alles dachte. Er kam von London, wollte ein tolles Ding drehen, und wo stieg er in Paris ab? Natürlich im Ritz an der Place Vendôme. Wo auch sonst? Der hochachtbare Anstrich war ja der Schlüssel zum erhofften Erfolg.

Nachdem er einige Tage im Ritz gewohnt hatte, schritt er zur Tat. An einem Samstag um halb elf.

Carster ging zu einem der berühmtesten Juweliere der nahen Rue de la Paix. Er trat sehr selbstbewußt auf. Er wolle »ein paar Kleinigkeiten« für seine Frau kaufen, erklärte er von oben herab. Einen Ring vielleicht oder eine Brosche, oder auch beides.

Das Angebot des Juweliers schien ihn jedoch nicht zu begeistern. Mißmutig betrachtete er die kostbaren Stücke, wählte das eine oder andere aus und entschied sich dann plötzlich doch wieder anders.

Der Juwelier wurde nach und nach ungeduldig. »Entweder«, sagte er sich, »weiß der Mann nicht, was er will, oder er ist ein neureicher Flegel, der gern die Puppen tanzen läßt.«

Beide Vermutungen des Juweliers waren falsch. Mister Carster wußte genau, was er wollte. Er wollte Zeit gewinnen. Das gehörte zum Plan.

Schlag zwölf Uhr traf Mister Carster seine endgültige Wahl. Zwei teure Stücke. Er zahlte mit einem Scheck einer Pariser Bank.

Das gefiel dem Juwelier nicht. Jedermann in Paris wußte, daß die Banken samstags um zwölf schlossen. Wer um diese Zeit – ohne dem Geschäftsinhaber bekannt zu sein – mit einem Scheck bezahlte, mußte Mißtrauen erwecken. Und Mister Carster war dem Juwelier nicht nur unbekannt. Er war obendrein noch Ausländer.

Carsten bemerkte das verlegene Zögern des Juweliers und war zufrieden. Denn auch dies gehörte zu seinem Plan.

Nach außen hin freilich gab er sich empört. »Ich bin nicht in Ihr Geschäft gekommen, um mich beleidigen zu lassen.« Seine Stimme war schneidend. »Wenn Sie meine Solvenz anzweifeln, dann rufen Sie doch in meinem Hotel an. Sagen Sie den Herren vom ›Ritz‹, daß ich sie zu einer Auskunft ermächtige.«

Die Auskunft der Hoteldirektion klang zufriedenstellend. Mister Carster war offenbar nicht nur ein sehr selbstbewußter, sondern auch ein außergewöhnlich wohlsituierter Geschäftsmann.

Der Juwelier entschuldigte sich. Selbstverständlich werde er den Scheck in Zahlung nehmen. »Sie müssen verstehen . . .«, bemühte er sich um eine Erklärung. Aber Mister Carster winkte gnädig ab: »Schon gut, schon gut, die Schuld liegt bei mir. Ich hätte daran denken sollen, daß die Banken um zwölf schließen.«

Das eben besänftigte Mißtrauen des Juweliers wurde sofort wieder hellwach, als George Carster den Laden verlassen hatte. Und in der Tat benahm sich Carster höchst seltsam.

Er blieb wenige Meter vom Juweliersalon entfernt stehen und musterte die gegenüberliegende Häuserfront. Immer wieder blickte er sich verstohlen um, so, als wolle er sich vergewissern, daß er nicht beobachtet werde.

Plötzlich ging er mit schnellen Schritten zur anderen Straßenseite und verschwand – wieder in einem Juweliersalon.

Unser Juwelier Nr. 1 wurde immer unruhiger. Er rang mit sich; sollte er einmal bei seinem Kollegen anrufen? Aber vielleicht sah er auch nur Gespenster und würde sich unsterblich blamieren. Aber da war der Scheck. Ausgestellt auf eine unerhört hohe Summe. War er wirklich gedeckt? War die Auskunft des »Ritz« wirklich eine Sicherheit? Schließlich konnten die Herren vom »Ritz« den Mister Carster auch nur nach dem äußeren Eindruck beurteilen. Seine Bankauszüge kannten sie auch nicht. Nur auf die kam es aber an.

Der Juwelier riskierte es. Er rief bei seinem Kollegen an. Und er bereute es nicht.

Was er am Telefon hörte, war vielmehr geeignet, seinen schlimmsten Verdacht zu bestätigen.

Mister Carster war zu dem zweiten Juwelier gekommen – nicht, um etwas zu kaufen, er wollte vielmehr verkaufen. Er habe, beklagte er sich, eben im Geschäft gegenüber Schmuck gekauft, und er müsse bekennen, der Kauf tue ihm leid. Er scheue sich jedoch, die Stücke wieder zurückzubringen. Ob der Juwelier nicht bereit sei, sie ihm abzukaufen?

Dem Juwelier kam das Ganze nicht geheuer vor. Von diesem Geschäft müsse er dringend abraten, sagte er. Er könne Mister Carster auf gar keinen Fall so viel zahlen, wie die Juwelen gekostet hätten.

Aber selbst der Gedanke an einen großen finanziellen Verlust schien Mister Carster von seinem Vorhaben nicht abzuschrecken. »Ich will lieber draufzahlen als den Schmuck behalten, über den ich mich ständig ärgern muß.«

In diesem Augenblick wurde der Juwelier ans Telefon gerufen. Es war sein Kollege. Er erkundigte sich nach dem seltsamen

Kunden. Bald waren sich die beiden Juweliere einig, daß Mister Carster ein Gauner sein müsse.

»Wir müssen die Polizei verständigen«, sagte der eine Juwelier, »versuchen Sie, den faulen Kunden so lange im Laden festzuhalten. Sie können ja so tun, als wollten Sie doch noch das Geschäft mit ihm machen.«

Als die Kriminalbeamten kamen und Mister Carster ebenso höflich wie nachdrücklich baten, mit zur Wache zu kommen, protestierte der heftig. »Freiheitsberaubung«, tobte er, »Sie werden das schwer bereuen.«

Polizisten sind solche Ausbrüche gewöhnt. Natürlich beteuert jeder Gauner seine Unschuld. Und die ganz Gewitzten drohen mit juristischen Vokabeln: Freiheitsberaubung, Amtsmißbrauch, Schadensersatz ...

Sein Toben half dem Mister Carster also nichts. Er mußte mit. Als dann noch die beiden Juweliere das höchst verdächtige Verhalten ihres »Kunden« zu Protokoll gegeben hatten, waren auch die ermittelnden Beamten überzeugt, einen internationalen Betrüger von Großformat vor sich zu haben.

Vielleicht würde es eine Weile dauern, bis er sich zu einem Geständnis bequemte. Aber man hatte ja Zeit, und im Kittchen waren noch viele Zellen frei.

Nur Mister Carster hatte keine Zeit. Immer ungeduldiger, immer häufiger blickte er auf seine goldene Armbanduhr. »Meine Herren, Sie machen einen großen Fehler. Was habe ich denn verbrochen? Ich habe Schmuck gekauft und mit einem Scheck bezahlt. Ist das ein Verbrechen? Ich habe versucht, den Schmuck wieder zu verkaufen. Ist das ein Verbrechen? Mir wird das nun wirklich zu bunt. Außerdem muß ich heute nachmittag zurück nach London. Ein wichtiger Geschäftsabschluß. Es geht um Millionen, meine Herren, um Millionen. Hier ist übrigens meine Flugkarte.«

Das hätte er nicht sagen sollen. »Der seltsame Vogel will sich also absetzen«, dachten die Polizisten, und ihr Verdacht wurde immer massiver. Nein, sie würden ihn nicht laufen lassen. In die Zelle mit ihm. Dort würde er schon weich werden.

Mister Carster wurde nicht weich. Er tobte in seiner Zelle, hämmerte gegen die Tür. »Lassen Sie mich frei, ich bin unschuldig.«

Die Polizisten focht das nicht an. Am Montag wollten sie ihn dem Haftrichter vorführen. Dem konnte er ja sein Sprüchlein aufsagen. Viel Glück würde er damit nicht haben.

An diesem Montag jedoch erlebten die Polizei und der Juwelier, der Mister Carster angezeigt hatte, eine peinliche Überraschung.

Der Juwelier reichte bei der Pariser Bank den Scheck des Mister Carster ein. Er rechnete sicher damit, daß ihm der Kassier mit bedauerndem Achselzucken sagen würde: »Tut mir leid, mein Herr, der Scheck ist nicht gedeckt.« Dann wäre Carster überführt gewesen.

Es kam jedoch ganz anders. Nachdem der Bankangestellte das Konto überprüft hatte, kam er völlig gelassen zurück und fragte höflich: »Wollen Sie den Betrag ausgezahlt haben, oder sollen wir ihn auf ein Konto überweisen?«

Der Scheck war also gedeckt.

Für Mister Carster war das keine Überraschung. Im stillen gratulierte er sich. Sein Plan hatte geklappt. Die entscheidenden Hürden waren genommen. Er war – wie er es vorausberechnet hatte – fälschlich beschuldigt und unschuldig eingesperrt worden. Was jetzt noch zu tun blieb, war einfach. Er mußte die Gerichte bemühen, damit ihm Genugtuung gewährt werde.

Carster verklagte den Juwelier. Er forderte moralische Wiedergutmachung und Schadensersatz. Das Gericht folgte seinem Antrag. Es sprach ihm – umgerechnet – rund 150 000 Mark zu.

Blondinen und Falschgeld waren sein Schicksal

Was tun kriminelle Elemente alles, um an fremder Leute Geld und Besitz heranzukommen! Wieviel Brutalität wenden sie auf! Aber auch: Mit wieviel überdurchschnittlicher Intelligenz gehen viele von ihnen zu Werk, wenn es gilt, sich die Brieftaschen zu füllen, ohne zu arbeiten! Die Archive von Interpol sind angefüllt mit unvorstellbaren Fällen.

Den allerdings direktesten Weg zum unverdienten Geld beschreiten jene schrägen Künstler, die sich das Geld – Münzen und Banknoten – selbst anfertigen: die Falschmünzer.

Von allen Verbrechen erregen ihre Taten den geringsten Abscheu. Sie vergießen kein Blut, sie rauben und stehlen nicht, und doch sind diese »Gentlemanverbrecher« eine unvorstellbar große Gefahr für die Allgemeinheit, vor allem für den »kleinen Mann«.

Weil sie meist auf internationaler Basis arbeiten, gehören sie gewissermaßen zu den typischen Stammkunden von Interpol. Einer von ihnen hielt die Interpol-Detektive fast drei Jahrzehnte in Atem.

Der Name dieses Meisterfälschers: Salomon Smolianoff, auch Sali genannt. Die Falschgeldexperten von Interpol halten ihn für den größten Fälscher unseres Jahrhunderts.

Sali Smolianoff ließ sich im Sommer 1955 in Brasilien nieder, in Porto Alegre, der Hauptstadt des Bundesstaates Rio Grande do Sul.

Zusammen mit seiner Frau, einer vitalen Italienerin, die er einige Jahre zuvor geheiratet hatte, eröffnete er eine kleine Spielwarenwerkstatt.

Smolianoff gilt bei seinen Mitbürgern als ein wohlhabender Mann. Man rühmt ihn als angenehmen Gesellschafter und guten Nachbarn. Kein Mensch ahnt etwas von seiner abenteuerlichen Vergangenheit, in der er mit den Polizeiapparaten und Gesetzen vieler Länder in Konflikt geraten ist. Interpol hat seine Akte abgeschlossen. Aber jedesmal, wenn irgendwo in der Welt Falschgeld von überdurchschnittlicher Qualität auftaucht, schickt Paris ein Telegramm an den Sitz des brasilianischen Interpol-Zweigbüros.

Das Routinetelegramm enthält die Bitte, doch einmal diskret zu prüfen, was unser Sali Smolianoff treibe. Aber bis jetzt verliefen alle Nachforschungen negativ. Es scheint, daß Smolianoff seine Kunstfertigkeit wirklich nur noch auf den Bau mechanischer und elektrischer Spielsachen verwendet.

Wer das Interpol-Foto von Smolianoff betrachtet, kann sich zwar nur schwer vorstellen, daß dieser Mann einst Frauenherzen schneller schlagen ließ. Und doch war es so.

Freilich: Der Geldfälscher sah in seinen besten Jahren wirklich anziehender aus als auf dem Erkennungsbild in den Akten.

Von Statur war der gebürtige Russe untersetzt und kräftig, ein tapsiger Bär. Aber diese Haare – dicht und kohlrabenschwarz – und diese Augen – groß und ausdrucksvoll, melancholisch brütend einmal und dann wieder übermütig blitzend: Spiegelbild seiner zwiespältigen Seele.

Reife Frauen fühlten sich aus anderen Gründen zu ihm hingezogen. Sie schwärmten von seinem gutmütigen, geselligen Wesen, aber das erklärte nicht alles. Wahrscheinlich weckte er in ihnen mütterliche Instinkte. Sie mochten sein schweres Schicksal ahnen, das ihn bereits früh gezeichnet hatte.

1899 als Sohn eines ukrainischen Industriellen geboren, schien ihm eine blendende Zukunft zu winken. Er war ein Junge mit großen künstlerischen Talenten; sein Vater schickte ihn auf die Kunsthochschule nach Kiew; der berühmte Professor Zotoff wurde sein Lehrer (und später sein Komplice).

Doch jäh wurde die hoffnungsvolle Karriere unterbrochen. Sali – wie ihn seine Freunde nannten – geriet ins Räderwerk der roten Revolution. Von den Bolschewiki als »Kapitalist« zum Tode verurteilt, gelang ihm zwar die Flucht über die Türkei nach Deutschland, nach Berlin. Festen, bürgerlichen Boden unter die Füße zu bekommen gelang ihm indessen nicht. Fortan nutzte er seine großen Gaben, um Banknoten zu fälschen. Er wurde einer der ersten Stammkunden der 1923 gegründeten Interpol.

Das wußten die Frauen nicht, die ihm begegneten, die ihm mit verträumten Blicken nachschauten.

Sali gefiel sich in der Rolle des Frauenlieblings. Aber er war kein wahllos zugreifender Weiberheld. Nein, was das zarte Geschlecht betraf, hatte er nur Augen für einen bestimmten Typ: blonde, pralle Frauen von naturhafter Weiblichkeit, betuliche, häusliche Wesen – Zuflucht eines entwurzelten Herzens.

Immer, wenn die Polizei ihn griff, befand er sich in Gesellschaft von Blondinen. So war es auch an jenem Septemberabend des Jahres 1927.

Salomon Smolianoff hielt sich zu dieser Zeit gerade in Amsterdam auf. Er wohnte im Hotel »Nieuwezidts«. In der Brieftasche trug er einen deutschen Paß, der ihn als Matthäus Vermer, wohnhaft in Berlin, auswies.

Seitdem er im »Nieuwezidts« abgestiegen war, hatte es ihn Abend für Abend in die kleine Bar, gleich nebenan, gezogen. Hier trafen sich die russischen Emigranten, hier hörte er seine Muttersprache, hier – und das war es, was wirklich zählte – bediente Tanja.

Sie hatte langes flachsblondes Haar und ein fast noch kindliches Gesicht. Ein dralles Mädchen, das sich hinter die Bar verirrt zu haben schien. Ein erblühendes Mädchen, das die Frau in sich bereits erahnen ließ, eine wundervolle Frau.

»Hallo, Herr Vermer«, begrüßte sie den eintretenden Gast, und ihre Augen ließen erkennen, daß sie in ihm nicht nur eine Umsatzsteigerung sah. »Einen Wodka wie immer?«

»Ja, Tanja, einen Wodka«, sagte der Mann, der sich Vermer nannte, und als sie den harten, herzerwärmenden Schnaps brachte, streichelte er gedankenverloren über ihre Hände. Sie ließ es geschehen und wendete sich dann unvermittelt, erschrokken ab, zarte Röte im Gesicht.

Tanja war – wie Smolianoff später einmal bemerkte – für ihn der Beweis dafür, daß es eine »Liebe auf den ersten Blick« gibt.

In diesem Augenblick regte sich Haß in ihm; er haßte die Welt, die ihm ein trautes Glück an Tanjas Seite nicht erlaubte, er haßte sich selbst, der er sich eine bürgerliche Existenz verbaut hatte, und er haßte die Roten, die ihm die Zukunft geraubt hatten.

Haß ist sinnlos, ändert nichts. Aber träumen, ja das durfte man. Und hier, in Tanjas Nähe, erlaubte sich Smolianoff, alias Vermer, den Luxus rosaroter Träume.

»Noch einen Wodka?«

»Ja, Tanja.« Mehr sagte er nicht und wollte doch so viel mehr sagen. »Tanja«, hätte er gern geflüstert, »ich liebe dich. Komm, laß uns fortgehen. Weit fort. Nach Amerika vielleicht, oder wohin immer du willst. Nur fort, weit fort. Ich besitze Geld genug, um überall Fuß zu fassen.«

Aber Smolianoff-Vermer wußte genau, daß Tanja, die ihn liebte, für immer unerreichbar bleiben würde. Mit dem sicheren Instinkt des gehetzten Wildes spürte er, daß seine Tage in Freiheit gezählt waren. Irgendwann, morgen vielleicht schon, vielleicht erst in einem Monat, in einem Jahr würde man ihn greifen. Todsicher.

Und trotzdem durfte er nicht fliehen. Da war noch dieses Ding, das er mit seinen Freunden drehen wollte. Er durfte die alten Kumpel nicht im Stich lassen. Auch Ganoven haben ihre Ehre. Damit nicht genug: Ihn reizte das gefährliche, kriminelle Abenteuer, denn er war, wenn er nicht gerade von Blondinen träumte, ein Spieler. Er war nicht geldgierig, er fälschte nicht Banknoten, um Reichtümer zu erraffen. Er hatte eine Spielernatur.

Sie griffen ihn noch am selben Abend. Während er schwermütig an der Bar saß, traten zwei Männer durch die Tür. Sie tuschelten mit dem Portier. Der nickte und deutete mit der Hand zur Bar. Wenige Minuten später legte sich eine Hand auf Vermers Schulter.

»Herr Vermer?«

»Ja, was ist los?«

»Kriminalpolizei, bitte folgen Sie uns.«

Ein letzter Blick zu Tanja. »Verzeihung, Tanja, bitte verzeih.«

»Aber weshalb? Was ist denn?« Sie wußte nichts von seinen Träumen.

Die Ereignisse, die zur Verhaftung Smolianoffs beim stillen Tête-à-tête mit Tanja geführt hatten, waren einige Tage zuvor in Stockholm ins Rollen gekommen. Kommissar »Zufall« spielte eine entscheidende Rolle. Die Hauptarbeit aber leistete Interpol.

Stockholm, September 1927. Am Devisenschalter eines Bankhauses. Eine ältere Dame, Anfang fünfzig, vollschlank und mit rosigen Wangen, tritt heran: »Ich möchte 120 Schweizer Franken und 50 Pfund Sterling umwechseln.«

Der Schalterbeamte stellt die üblichen Fragen. »Ihren Ausweis bitte. Sie wollen die Devisen sicher in schwedische Kronen umgetauscht haben?«

Genau das will die Dame. Sie reicht ihr Bündel Banknoten über den Schalter, der Bankmann zählt sie durch, doch da – war es ein Luftzug, war es eine Ungeschicklichkeit – fällt der 50-Pfund-Schein zu Boden.

Beim Aufheben beschleicht den Bankbeamten ein seltsames Gefühl. Er weiß nicht recht, wie er es ausdrücken soll, aber die Note, die er zwischen Daumen und Zeigefinger hält, fühlt sich anders an als die normalen 50-Pfund-Scheine.

Er nimmt einen anderen 50-Pfund-Schein aus der Kasse und vergleicht die beiden. In der Zeichnung keine Unterschiede. Der Schalterbeamte zögert, betastet die Scheine noch einmal. Natürlich ist da ein Unterschied. Das Papier des einen fühlt sich – wie soll er es nur ausdrücken –, fühlt sich »weicher« an. Kein Zweifel, die »weiche« Note ist ein falscher Fünfziger.

»Entschuldigen Sie mich bitte einen Augenblick«, sagt er zu der Kundin, »ich muß den Umtausch noch für das Devisenkontrollamt notieren.«

Das ist eine Ausrede. Es gibt nämlich gar nichts zu notieren. Der Schalterbeamte will lediglich die Frau so lange hinhalten, bis die Polizei eintrifft.

Überrascht schaut die Kundin auf, als sich zwei Herren neben sie postieren. »Kriminalpolizei, bitte folgen Sie uns in den Nebenraum.«

»Sie sind also Frau Ergel?« fragt dort der eine Beamte und prüft ihren Personalausweis.

»Ja, die bin ich, aber was soll das alles? Wollen Sie mir vielleicht erklären . . .?«

»Wir stellen hier die Fragen, nicht Sie«, fährt der Beamte dazwischen. »Sie haben eben eine 50-Pfund-Note umtauschen wollen. 50 Pfund Sterling sind eine Menge Geld. Und Ihr Schein ist falsch. Wußten Sie das nicht?«

Die Frau kann glaubhaft machen, daß sie nicht gewußt hat, eine »Blüte« zum Umtausch angeboten zu haben. Sie kann sich sogar noch erinnern, von wem sie das Falschgeld bekommen hat.

»Ich bin nämlich Inhaberin einer Pension. Den Schein bekam ich von einem meiner Gäste, von einem Herrn Vermer, Matthäus Vermer. Ein Deutscher, ein sehr netter Mann, der ist bestimmt kein Falschmünzer.«

»Na, das wollen wir erst einmal sehen«, sagt der Beamte nicht unfreundlich. »Wo steckt denn dieser Herr Vermer jetzt?«

»Das kann ich Ihnen leider nicht sagen. Er wohnt in Berlin. Letzte Woche ist er für ein paar Tage bei mir abgestiegen. Er ist jedoch schon wieder abgereist.«

»So ist das also. Nun, Frau Ergel, es tut uns leid, Sie belästigen zu müssen, aber bitte begleiten Sie uns zum Kommissariat. Wir wollen Ihre Aussage protokollieren, und anschließend werden wir uns einmal das Zimmer ansehen, das Herr Vermer bewohnt hat. Sie haben doch nichts dagegen?«

Die Falschgeldexperten der Stockholmer Polizei versprachen sich nicht viel von der Durchsuchung des Vermerschen Zimmers. Nach ihm hatte zwar niemand darin gewohnt. Aber irgendwelche Spuren waren sicher von Frau Ergel – unbeabsichtigt gewiß – beseitigt worden. Sie machte jedenfalls ganz den Eindruck einer guten, putzfreudigen Hausfrau.

Der Anblick des Zimmers bestätigte diesen Verdacht. Und trotzdem fanden die Kriminalisten noch etwas. Einige winzige Papierfetzen, die im Papierkorb hängen geblieben waren. Es waren die Überreste eines Telegramms. »Amsterdam« und den Namen einer Straße entzifferten die Beamten.

Stockholms Kripo schaltete Interpol ein. Interpol alarmierte die Amsterdamer Polizei. Großfahndung nach einem Mann, der sich Matthäus Vermer nennt. Eine genaue Personenbeschreibung hatte Frau Ergel geliefert.

Schweren Herzens mußte sich nun auch Frau Ergel von der Vorstellung trennen, Matthäus Vermer, der in Wirklichkeit Salomon Smolianoff hieß, sei ein netter Mann mit goldenem Herzen. Sie hatte nicht nur die Enttäuschung; sie mußte auch den Schaden tragen. Der falsche 50-Pfund-Schein wurde entschädigungslos eingezogen.

So bestimmt es das Gesetz. Wer das Pech hat, Falschgeld in die Hände zu bekommen, erlebt – wird die Sache entdeckt – eine Menge Unannehmlichkeiten. Zunächst muß man sich peinliche Fragen der Polizei gefallen lassen. Und wenn man schließlich nachgewiesen hat, daß man tatsächlich nichts gewußt hat, bleibt einem immer noch der Verlust. Falschgeld wird erbarmungslos eingezogen, ohne einen Pfennig Ersatz.

Wehe dem, der in seinem Geldbeutel eine falsche Münze oder einen gefälschten Schein entdeckt und heimlich versucht, ihn schnell unter die Leute zu bringen. Darauf steht Gefängnis!

Es ist also nicht so, wie die Geldfälscher immer behaupten, wenn sie schließlich gefaßt werden. Sie geben sich dann ganz arglos, harmlos. »Wir haben doch niemand geschädigt«, beteuern sie, »nur die Banken, und die haben's ja und sind obendrein versichert.«

Aber nein, der Verlust trifft nur selten die Banken. Einem geschulten Bankmann eine »Blüte« anzudrehen, das ist nahezu ausgeschlossen. Das versuchen die Do-it-yourself-Geldmacher meist gar nicht erst. Sie probieren es beim »kleinen Mann«, in Geschäften, Gastwirtschaften und an Kiosken.

Für Frau Ergel waren 50 englische Pfund – umgerechnet einige hundert Mark – viel Geld. Für die meisten sind schon fünf Mark ein schöner Batzen. Wie viele »Frau Ergels« mögen von Vermer-Smolianoff betrogen worden sein?

Wer sich das vor Augen hält, wird auch diese nur sogenannten »Gentlemanverbrecher« bei dem Namen nennen, der ihnen gebührt: Betrüger, infame Betrüger der kleinen Leute.

Als ihn die niederländische Kriminalpolizei aus der Bar holt, versucht es Smolianoff mit der Masche gewiefter Gauner: Kleinigkeiten gestehen, sonst leugnen, stur alles abstreiten.

»Ich heiße gar nicht Matthäus Vermer«, verblüffte er die vernehmenden Beamten, »mein Paß ist gefälscht. Ich bin Salomon Smolianoff, russischer Emigrant.«

Er sehe ein, meint er gespielt kläglich, daß ein gefälschter Paß eine schlimme Sache sei. Er erwarte nicht, daß man ihn laufen lasse, aber man möge doch bedenken, wie schlimm es ihm schon ergangen sei. Ein Mann, den man aus seiner Heimat vertrieben habe, sei schon bestraft genug.

Die Beamten nicken. »Leider, Herr Smolianoff, geht es nicht nur um den gefälschten Paß. Wir haben bei Ihnen eine Menge gefälschter Devisen gefunden. Und außerdem haben Sie in Stockholm Falschgeld in Umlauf gebracht. Das müssen Sie uns erklären.«

»Falschgeld?« Smolianoff tut erstaunt, empört, als habe man ihn des Muttermordes bezichtigt. »Ich handle nicht mit Falschgeld, so glauben Sie mir doch. Ich bin Emigrant ...«

»Daran zweifeln wir nicht, aber Sie haben uns bis jetzt noch nicht erklärt, wie Sie in den Besitz der gefälschten Scheine gekommen sind.«

Smolianoff haut auf den Tisch. »Diese Gauner, man hat mich betrogen, das ist es, Herr Kommissar, man hat mich betrogen«, jammert er.

Die Beamten blicken ungerührt. »Wer hat Sie betrogen?«

»Ich bin russischer Emigrant, ich sagte es schon. Bei meiner Flucht war es mir gelungen, ein paar Wertgegenstände aus dem Familienbesitz mitzunehmen. Ich wollte sie gegen harte Währung eintauschen, Francs, Pfunde. Ich konnte doch nicht wissen, daß ich mich mit Gaunern eingelassen hatte.«

»Ich habe schon spannendere Märchen gehört. Du nicht auch?« sagt der eine Beamte zu seinem Kollegen. Dann schießt er auf Smolianoff eine blitzschnelle Frage ab: »Wie haben Sie die Blüten hergestellt?«

»Meine Herren, ich bin kein Falschmünzer«, zetert Smolianoff.

Er glaubt selbst nicht daran, daß er mit dieser Tour durchkommt. Aber er hat sich seine Taktik zurechtgelegt. Wenn alles klappte, würde man ihn zwar einsperren. Aber sicher nur für kurze Zeit. Und dann würde er weitermachen, zusammen mit seinen Komplicen, von denen die Polizei nichts ahnte.

Bei seinem nächsten Verhör überrascht Smolianoff die Beamten mit einem neuen Geständnis. »Ja, ich habe gewußt, daß die Devisen in meinem Besitz gefälscht sind. Aber bitte verstehen Sie mich – ich hatte einfach Angst, das zuzugeben. Ich bin nämlich schon einmal in eine Falschgeldaffäre verwickelt gewesen.«

»Warum nicht gleich so«, ermutigt ihn der Beamte. »Also, nun gestehen Sie uns alles.«

»Es ist nicht das, was Sie denken. Ich bin kein Geldfälscher. Ich war auch damals unschuldig . . .«

»Unschuldig wie ein neugeborenes Kind, wollen Sie sagen?« höhnt der Kriminalist.

»Aber so lassen Sie mich doch ausreden.«

Smolianoff erzählt von Rußland. Von seinem Studium an der Kunsthochschule in Kiew. Von seinem Professor Zotoff. Auch Zotoff sei – wie er – nach Berlin geflohen. Selbstverständlich habe er seinen verehrten Lehrer dort aufgesucht. Doch Zotoff habe sich, welch ein Jammer, inzwischen einer anderen Kunst zugewendet: der Falschmünzerei.

»Diese Erkenntnis traf mich wie ein Schlag. Bald darauf wurde Zotoff verhaftet und zu drei Jahren Haft verurteilt. Da ich gerade bei ihm war, als die Haussuchung begann, sperrte man mich gleich mit ein. Aber das Gericht bescheinigte meine Unschuld.«

»Sehr interessant, aber Sie haben noch immer nicht erklärt, wie Sie in den Besitz der Blüten gelangt sind.«

»Das hätte ich in der Tat beinahe vergessen. Nach Zotoffs Verurteilung habe ich mich natürlich um die Familie meines Freundes gekümmert. Das war nicht leicht, und ich mußte den Gürtel verdammt eng schnallen. Eines Tages fand ich dann in Zotoffs Wohnung, in einem alten Koffer, einen kleinen Stoß englischer 50-Pfund-Noten. Die Polizei muß sie übersehen haben.«

Da konnte – so Smolianoff – er nicht widerstehen. Er nahm sie an sich, um sich im Ausland eine neue – seriöse, versteht sich – Existenz aufzubauen. Über Stockholm und Amsterdam wollte er nach Italien ziehen. »Diesen Umweg mußte ich wählen, weil es in Berlin unmöglich war, ein italienisches Visum zu erhalten.«

Nun sind seine »Blüten«-Träume dahin. Ein rechter Pechvogel, dieser Smolianoff, nicht wahr? Nein, ein gerissener Gauner. Denn was hat er denn bis jetzt gestanden? Er hat zugegeben, daß sein Freund und Lehrer Zotoff ein Falschmünzer war. Damit kann er dem Freund nicht mehr schaden; denn Zotoff hat seine Strafe verbüßt. Er jedoch, Sali Smolianoff, hat »nur« Falschgeld in Umlauf gebracht. Waren seine Motive nicht zumindest menschlich verständlich? Damit wollte er bei Gericht durchkommen. Man würde ihn rupfen, aber er würde noch Federn behalten.

Ohne Interpol wäre Smolianoffs Rechnung wahrscheinlich aufgegangen. Auf den Schreibtischen der Beamten im damaligen Wiener Hauptquartier häuften sich Meldungen aus allen Teilen Europas. Interpol Wien gab die Auskünfte weiter nach Amsterdam.

Für die ermittelnden Beamten ergab sich folgendes Bild: Falsche Pfundnoten, wie sie bei Smolianoff gefunden worden waren, überschwemmten Europa. Man hatte sie in Oslo entdeckt, in Prag, Wien, Budapest, Frankfurt, München und Baden-Baden.

Knapp ein Jahr vor Smolianoffs Verhaftung, im November 1926, hatte man in Paris fünf Personen gekascht, darunter drei Russen, die Banknoten des gleichen Herstellers in Umlauf gebracht hatten.

Das alles ließ darauf schließen, daß man es mit einer weitverzweigten, gut organisierten internationalen Fälscherbande zu tun hatte. Wer war ihr Chef?

Damals konnte man noch nicht beweisen, daß Smolianoff zur Führungsspitze der Bande gehörte, aber man vermutete es stark auf Grund seiner überdurchschnittlichen Intelligenz und seiner hervorragenden künstlerischen Fähigkeiten.

Auch die Auskünfte aus Berlin waren alles andere als geeignet, Smolianoffs rührselige Geschichte vom gefundenen Banknotenstapel und der großen Versuchung zu untermauern.

Im Gegenteil: Die deutschen Beamten erklärten es für ausgeschlossen, daß bei der Durchsuchung von Zotoffs Wohnung ein Koffer mit Falschgeld übersehen worden sei. Außerdem habe die Gerichtsverhandlung von 1923 keineswegs Smolianoffs Unschuld erwiesen. Man habe ihn lediglich nicht überführen können, und: im Zweifelsfall für den Angeklagten.

Auf diesem Interpol-Material baute der Staatsanwalt seine Anklage auf.

Der Saal der vierten Kammer war überfüllt, als der Ankläger

mit weit ausholenden Gesten plädierte: »Es kann kein Zweifel bestehen, daß Sie einen Betrüger vor sich sehen, der einer internationalen Falschmünzerbande angehört. Ich möchte nicht behaupten, daß er deren Chef ist. Dafür fehlen mir die Beweise. Ich begnüge mich also damit, meiner Überzeugung Ausdruck zu geben, daß der Angeklagte zu der Bande gehört und sich weigert, seine Komplicen zu verraten ... Dennoch«, fuhr der Staatsanwalt fort, »hat der Angeklagte keinen ungünstigen Eindruck gemacht. Wenn aus ihm ein Betrüger geworden ist, dann deshalb, weil er entwurzelt ist, ein Opfer tragischer Ereignisse, die seine Seele bis ins tiefste erschütterten. Ich würde ihm deshalb gern Milde gewähren, in der Hoffnung, daß er nach den bösen Erfahrungen auf den rechten Weg zurückfindet ...«

Dem konnte der Verteidiger nur beipflichten und beteuern, daß in der ganzen Affäre zu viel dunkel geblieben sei, um ein hartes Urteil zu rechtfertigen. Sein Mandant habe, wie er selbst zugegeben habe, lediglich falsche Banknoten in Umlauf gebracht. Dafür verdiene er zwar eine Strafe, aber eine milde, bitte.

Am 12. Juli 1928 wurde das Urteil verkündet: zwei Jahre und sechs Monate Gefängnis. Die Untersuchungshaft sollte angerechnet werden.

Smolianoff konnte sich gratulieren. Für einen Falschmünzer war er wirklich glimpflich davongekommen.

Denn: Münzverbrechen werden in allen Staaten mit geradezu unverhältnismäßig hohen Strafen belegt. In Deutschland zum Beispiel steht auf Falschmünzerei Zuchthaus.

Ein Mann kann sich eine noch so hohe Summe ergaunert haben – das Gesetz verlangt für ihn lediglich eine Gefängnisstrafe. Wenn derselbe Mann jedoch nur eine einzige falsche Mark herstellt, wenn er sie nur herstellt, ohne sie auszugeben, dann muß er mindestens zwei Jahre ins Zuchthaus.

Der Gesetzgeber kennt keinen Spaß, wenn es ums Geld geht. Dabei finden sich gerade in der kriminellen Gilde der Geldfälscher ausgesprochene Witzbolde. Einer, der Fünfmarkstücke machte, brachte auf ihrem Rand sinnige Inschriften an. Statt »Einigkeit und Recht und Freiheit« gravierte er: »Hilf dir selbst, dann hilft dir Gott.«

Auf allen Banknoten steht die Strafandrohung: »Wer Banknoten nachmacht oder verfälscht oder nachgemachte oder verfälschte sich verschafft und in Verkehr bringt, wird mit Zuchthaus nicht unter zwei Jahren bestraft.« Das erschien einem »Blüten«-Macher zu humorlos. Auf seinen Scheinen konnte man lesen: »Wer Banknoten nachmacht, kann sich manchesmal aus der Not helfen, denn es ist heute sehr schwer, sich durchzubeißen.«

Den Vogel schoß wohl jener Fälscher ab, der auf die Rückseite seiner 20-Mark-Scheine druckte: »Zwanzig falsche Mark.«

Man hält es nicht für möglich: Selbst die »Zwanzig-falsche-Mark«-Scheine konnten in Umlauf gebracht werden. So leichtfertig sind manche Leute beim Geldwechseln!

Nun, unser Sali Smolianoff gehörte nicht zu den Spaßvögeln unter den Geldmachern. Und als er das Urteil des Amsterdamer Gerichts hörte, war ihm erst recht nicht lustig zumute. Zwar mußte er sich eingestehen, daß er milde Richter gefunden hatte. Jedoch hatte er eigentlich mit einer geringeren Strafe gerechnet.

Kurz vor seiner Entlassung erreichte ihn eine weitere Hiobsbotschaft. Schweden, wo er unter anderem der Frau Ergel »Blüten« angedreht hatte, verlangte seine Auslieferung. Dem Ersuchen wurde stattgegeben, und Smolianoff bekam erneut zwei Jahre und sechs Monate aufgebrummt. Diesmal Zwangsarbeit.

Nach eineinhalb Jahren begnadigt, war er am 17. Februar 1931 wieder ein freier Mann. Hatte er dazugelernt? Hatte er eingesehen, daß Falschmünzerei ein schlechtes Geschäft ist? Mitnichten. Jetzt wollte er den ganz großen Coup landen.

Eines aber schwor er sich: Er würde künftig vorsichtiger sein. Wie hirnverbrannt war er doch gewesen, sein Falschgeld selbst unter die Leute zu bringen! Er, Salomon Smolianoff, König der Geldfälscher, hatte das weiß Gott nicht nötig.

Es dauerte nicht lange, bis bei Interpol die ersten alarmierenden Nachrichten eintrafen. Die niederländische Polizei meldete, in Rotterdam seien falsche Zehnpfundnoten in Umlauf gebracht worden. Qualität: hervorragend.

Nicht nur in Holland tauchten besorgniserregend gute Fälschungen auf. Auch in Paris und Jerusalem wurden sie entdeckt. Für die Polizei gab es wenig Zweifel: Ein Meister war am Werk, Smolianoff.

Das war aber auch alles. Keine Spur, kein Hinweis. Nichts.

Das Jahr 1932 verging, ohne daß die Polizei den geringsten Erfolg verzeichnen konnte. 1933 kam, und immer noch tappten die Falschgeldfahnder im Dunkeln. Dann – im Mai desselben

Jahres – klingelte bei Scotland Yard in London das Telefon. Ein gewisser Mister Thornhill verlangte den mit ihm befreundeten Inspektor Gordon zu sprechen, Chef des »Criminal Investigation Department«.

Was Mister Jack Thornhill zu berichten wußte, klang unglaublich. Aber wenn es stimmte, dann konnte Interpol zum ersten Mal Hoffnung schöpfen, der Smolianoff-Bande das Handwerk zu legen.

»Jack, ich bin dir für diesen Hinweis sehr dankbar«, lobte Inspektor Gordon den Anrufer, »aber du wirst verstehen, daß wir über die Angelegenheit noch ausführlich sprechen müssen. Und zwar bald. Komme heute nachmittag in mein Büro. Bitte bringe auch deinen Angestellten mit, der das Falschgeld angenommen hat.«

Pünktlich zur ausgemachten Stunde ließen sich Mister Thornhill und sein Angestellter, ein Mister Hubbard, bei Inspektor Gordon melden. Gordon hatte bereits Besuch. »Darf ich Sie mit Mister Smith bekannt machen«, stellte er den vierten Mann vor. »Mr. Smith ist ein Falschgeldexperte der ›Bank of England‹.«

Nachdem die Herren Platz genommen hatten, nickte Inspektor Gordon seinem Freund Thornhill aufmunternd zu: »Am besten wird es sein, wenn du Mr. Smith die ganze Geschichte noch einmal erzählst.«

Mr. Thornhill begann: »Ich bin Geschäftsmann. Mein Unternehmen hat Filialen in Holland und Belgien. Mr. Hubbard ist einer meiner dortigen Vertreter. Hubbard hatte gestern abend in Amsterdam ein eigenartiges Erlebnis – bitte, Hubbard, sprechen Sie.«

Hubbard berichtete von einem Bekannten, den er vor einiger Zeit in Amsterdam kennengelernt hatte. Der Mann habe sich zunächst als deutscher Bankier vorgestellt. Sie hätten sich häufiger getroffen, und gestern habe dieser Herr, Lajewitsch heiße er übrigens, die Katze aus dem Sack gelassen.

Lajewitsch zu Hubbard: »Schauen Sie sich einmal diese Zehnpfundnote an.«

Hubbard: »Was ist mit dem Schein los? Ich kann nichts Besonderes daran finden.«

Lajewitsch: »Es ist eine Fälschung, eine verteufelt gute Fälschung, müssen Sie zugeben.« Und, jetzt tuschelnd: »Ich kann jede Menge davon beschaffen. Wenn man die bei einer englischen Bank unterbringen könnte, Junge, das wäre ein Geschäft.«

Hubbard setzt ein komplicenhaftes Grinsen auf, und Lajewitsch glaubt auf das richtige Pferd gesetzt zu haben. »Und ob das ein Geschäft ist«, pflichtet Hubbard bei, »nur auch höllisch gefährlich. Haben Sie eine Idee, wie man die Scheine unterbringen kann?«

»Man könnte versuchen, einen Bankangestellten zu bestechen . . .«

»Hm. Das wäre vielleicht eine Möglichkeit. Ich muß mir das einmal überlegen.«

»Tun Sie das, und behalten Sie die zehn Pfund, gewissermaßen als Anzahlung.«

Noch am selben Abend hatte Hubbard seinen Boß informiert. Und Thornhill hatte ihn sofort nach London beordert. »Das müssen wir meinem Freund, dem Inspektor Gordon, erzählen.«

Als Hubbard geendet hatte, räusperte sich Mr. Smith von der »Bank of England«. »Sagen Sie, haben Sie die Banknote bei sich?«

»Ja, Sir, was halten Sie davon?«

Mr. Smith pfiff durch die Zähne. »Hervorragende Blüten, die gleichen, nebenbei bemerkt, die man schon in Rotterdam, Paris und Jerusalem entdeckt hat.«

»Wir müssen sofort die internationale Kriminalpolizei benachrichtigen«, sagte Gordon.

Nachdem er das Gespräch angemeldet hatte, wandte er sich an Thornhill: »Sag mal, Jack, hast du Lust, für ein paar Tage in den Dienst von Scotland Yard einzutreten?«

»Machst du Witze?«

»Nein, ich meine das ganz ernst. Du könntest mit diesem Lajewitsch Kontakt aufnehmen. Lasse durchblicken, du seist ein Finanzmann, nicht ganz astrein, und deute an, daß du mitspielst, wenn es sich für dich lohnt. Hubbard könnte das alles einfädeln. Vielleicht haben wir Glück, und die Strolche gehen uns in die Falle.«

So knüpfte Scotland Yard die ersten Maschen zu dem Netz, in dem sich Smolianoff fangen sollte.

Wer falsches Geld unter die Leute bringen will, der muß stahlharte Nerven besitzen. Es ist, wie wenn man bei Nacht über ein Minenfeld läuft: Jeden Augenblick kann man hochgehen.

Boris Lajewitsch betrat das »Minenfeld«, als er im Mai 1933 in Amsterdam eintraf. Von hier aus sollte er die größte Falschgeldtransaktion einfädeln.

»Ausgerechnet Amsterdam«, ging es ihm durch den Kopf, als er sich im D-Zug aus Köln der Pfahlstadt an der Amstel näherte. Amsterdam, Schrecken der internationalen Falschmünzerorganisationen!

Das war nicht immer so gewesen. In den Jahren nach dem ersten Weltkrieg hatte der holländische Handelsplatz – einer der größten Geldmärkte der Welt – die Falschmünzer in Scharen angelockt. Denn Holland zählte damals zu den wenigen Ländern des Kontinents, die sich einer guten, harten Währung rühmen durften. Während zum Beispiel Deutschlands Mark ihren Wert schneller verlor, als man sie fälschen konnte, blieb der Gulden stabil.

Die Falschgeldschwemme in Amsterdam zeitigte jedoch für die Geldmacher eine höchst unerfreuliche Nebenwirkung: Die holländische Kripo baute das schlagkräftigste Falschgelddezernat Europas auf. Die gewieften niederländischen »Blüten«-Fahnder erwarben sich in der Tat einen so hervorragenden Ruf, daß sich Interpol bald entschloß, ihr Falschgeldbüro ebenfalls in Holland einzurichten, in der Residenzstadt Den Haag.

Seit seiner Ankunft in Amsterdam war Lajewitsch so mulmig zumute wie bei einem Himmelfahrtskommando. Seine Nervosität steigerte sich, nachdem er den Engländer Hubbard kennengelernt und in die Geheimnisse seiner Mission eingeweiht hatte.

Lajewitsch machte sich jetzt bittere Vorwürfe. Hatte er nicht zu voreilig gehandelt? Hätte er dem Engländer nicht gründlicher auf den Zahn fühlen müssen?

Unruhig lief er in seinem Hotelzimmer auf und ab, hin und her. Es war ein komfortables Zimmer, aber er fühlte sich beengt wie in einer Zuchthauszelle. Er warf sich auf die Couch, doch er konnte keine Ruhe finden. Eine Zigarette, noch eine Zigarette und dann wieder das ruhelose Hin und Her. Wie nun, wenn Hubbard ihn verpfiffe?

Es klopfte.

Lajewitsch schreckte zusammen. »Ja, bitte«, sagte er heiser.

In der Tür erschien ein Zimmermädchen. Als sie Lajewitsch sah, wurde sie verlegen. »Oh, entschuldigen Sie bitte, ich habe mich in der Zimmernummer geirrt.«

»Schon gut.« Lajewitsch atmete erleichtert auf.

Es ging auf neun Uhr abends. Zwei Tage zuvor, etwa um die gleiche Zeit, hatte Lajewitsch mit dem Engländer in einer teuren Bar gehockt. »Nein«, dachte er, »Hubbard kann nicht zur Polizei gegangen sein. Sonst wären die Polypen schon längst hier aufgetaucht.«

Aber warum ließ sich Hubbard nicht mehr sehen? Was wußte er eigentlich von diesem Mann? Tatsächlich hatte Lajewitsch über seinen neuen Komplicen nur wenig herausbekommen können.

Blieben noch ein paar Vermutungen. Hubbard besuchte gern kostspielige Nachtklubs, und er schien – obwohl er sicher gut verdiente – immer knapp bei Kasse zu sein. Vielleicht hatte er eine Luxuspuppe zur Freundin.

Was taten Männer nicht alles für ihre Freundin!

Lajewitschs Erregung klang ab. »Komisch«, überlegte er, »daß man ausgerechnet bei unseren krummen Touren so stark auf Treu und Glauben angewiesen ist.« Und er verzog sein Gesicht zu einem Grinsen.

Hatte es nicht geklopft? Ja, jetzt hörte er es ganz deutlich. Es war der Hotelpage. »Herr Lajewitsch, Sie werden am Telefon verlangt«, sagte er.

Jetzt war es wieder da, das würgende Gefühl. Lajewitsch mußte sich zusammenreißen, um gemessen-würdig wie ein Bankier – als solcher hatte er sich ausgegeben – zum Empfang zu gehen.

»Ja, bitte«, sprach er mit Direktorsstimme in die Muschel, »hier Lajewitsch.«

Am anderen Ende meldete sich Hubbard. »Wir müssen uns sofort sprechen. Die Aussichten für das von Ihnen vorgeschlagene Geschäft sind ausgezeichnet.«

Sie verabredeten als Treffpunkt jene Bar, in der sie sich kennengelernt hatten.

Kurz bevor er Lajewitsch anrief, hatte Hubbard vor dem Schreibtisch seines Chefs Jack Thornhill in der Direktion der Amsterdamer Filiale gesessen. Beide waren soeben aus London eingetroffen.

»Glauben Sie wirklich, daß Lajewitsch auf unsere Geschichte hereinfallen wird?« fragte Thornhill.

Hubbard zuckte mit den Achseln. »Strenggenommen müßte er ein Esel sein, wenn er das täte. Aber vergessen Sie nicht, daß es für die Brüder um Millionen geht. Da müssen sie schon etwas riskieren.«

Mister Thornhill war mindestens ebenso erregt wie der Falschgeldhändler Lajewitsch, den er am nächsten Tag kennenlernen sollte. Freilich hatte seine Nervosität harmlosere Gründe. Für Mister Thornhill ging in diesen Tagen ein Kindheitstraum in Erfüllung.

So wie viele Jungen davon träumen, später einmal Lokomotiv- oder Flugzeugführer zu werden, schwärmte Thornhill als Bub vom Detektivberuf. Nicht verwunderlich, war er doch ein Landsmann des Sherlock Holmes. Aber es war – wie bei den vielen kleinen Lokomotiv- und Flugzeugführern – ein Wunschtraum geblieben. Thornhill wurde erfolgreicher Geschäftsmann, seine Beziehungen zur Kriminalistik beschränkten sich auf die Freundschaft mit Chefinspektor Gordon von Scotland Yard.

Wo immer Thornhill an den folgenden Tagen mit Lajewitsch zusammenkam, standen Beamte vom niederländischen Falschgelddezernat, von INTERPOL und Scotland Yard auf der Lauer.

Zunächst tat sich nichts. Lajewitsch war vorsichtiger geworden. Er zögerte die Übergabe der ersten Rate immer wieder hinaus. Hatte er Lunte gerochen?

Am Vormittag des fünften Tages nahm Lajewitsch ein Taxi zum Bahnhof. Er löste eine Bahnsteigkarte und schlenderte auf das Gleis zu, in dem der D-Zug aus Köln eingelaufen war.

Mit prüfendem Blick musterte er die Reisenden. Dann ging er mit schnellen Schritten auf einen Mann zu.

Der Mann war nach Kleidung und Gehabe vom Typ »besserer Herr«. In der einen Hand hielt er einen schlicht-vornehmen Lederkoffer, in der anderen eine bauchige Aktentasche.

Die beiden begrüßten sich herzlich und fuhren zu Lajewitschs Hotel, wo der »Bankier« ein Zimmer für seinen Freund hatte reservieren lassen.

Stunde um Stunde verging. Nichts rührte sich. Thornhill und die Kripobeamten wurden ungeduldig. Aber ein voreiliger Zugriff konnte ein Schlag ins Leere werden.

Am Abend endlich klingelte in Thornhills Hotel das Telefon. Lajewitsch bat um einen Termin für den anderen Tag. Das Geschäft sei perfekt. Er, Lajewitsch, müsse allerdings eine Vorsichtsmaßnahme treffen, die Thornhill nicht verübeln möge. Er wolle sich zunächst davon überzeugen, daß Thornhill wirklich über genügend Geld verfüge, um die »Blüten« abzukaufen. Erst danach sollte, bei einem weiteren Treffen, der Umtausch über die Bühne gehen.

Bei diesem gingen Lajewitsch und sein Komplice in die Falle. Sie waren gerade dabei, die gefälschten englischen Banknoten – in versiegelten Paketen verpackt – zu übergeben, als die Polizei zugriff. Am 18. Januar 1934 wurden sie zu sechs und vier Jahren Gefängnis verurteilt.

Zum erstenmal seit Jahren war dem Falschgelddezernat ein großer Schlag gegen die Smolianoff-Bande gelungen. Aber wo steckte Smolianoff, der Meisterfälscher? Die »Blüten«-Beamten von Interpol rauften sich die Haare und verbrachten schlaflose Nächte. Aber selbst pausenlose Verhöre des Lajewitsch und seines Komplicen vermochten die beiden nicht zu bewegen, den Mann im Hintergrund zu verpfeifen. Salomon Smolianoff schien vom Erdboden verschwunden.

Daß er dennoch – ein Jahr später – in Berlin geschnappt wurde, hatte er seiner Vorliebe für Blondinen zuzuschreiben.

Smolianoff trug sich zu dieser Zeit mit Fluchtgedanken. Der Boden im braunen Berlin war ihm zu heiß geworden. Vorsorglich hatte er sich bereits einen schwedischen Paß gefälscht, ein Meisterwerk von Fälschung, wie man sich denken kann, das ihm sicher die Grenzen geöffnet hätte.

Trotzdem verschob er die Abreise von Tag zu Tag, denn er mochte sich von Susanne nicht trennen.

Susanne war dreiundzwanzig Jahre alt und Smolianoffs Traum: blond und üppig.

Bei Susanne war Smolianoff untergeschlüpft. Ohne polizeiliche Anmeldung natürlich. Mit Susanne lebte er in einer Art Gefängnis mit Sex; denn er durfte sich nur nachts auf die Straße wagen. Bei aller Liebe muß das den ruhelosen Wanderer schwer belastet haben.

Susanne war nicht nur in Smoli verliebt, sie war eine Zeitlang auch in seine Geschäfte verstrickt gewesen. Sie war als Kurier der Bande gereist, und dabei war ihr die Polizei auf die Spur gekommen.

Als man sie verhaftete, fand man bei ihr einen Mann. Man nahm ihn zur routinemäßigen Überprüfung mit. Und nun konnte sich Interpol wirklich gratulieren. Smolianoff war der grauen Spinne endlich ins Netz gegangen.

Er hatte bitter zu büßen. Er wurde strenger bestraft, als es die Gesetze der Kulturstaaten vorsehen. Nach einigen Jahren Zuchthaus mußte er durch die Hölle der KZs gehen. Seine Fähigkeiten bewahrten ihn vor dem Schlimmsten: Ironie des Schicksals – der Mann, den Interpol wegen seiner erstaunlichen englischen Banknotenfälschungen gejagt hatte, mußte nun im Auftrag Himmlers Pfundnoten herstellen. Waffenkäufe im neutralen Ausland sollten damit finanziert, Spione und Agenten bezahlt werden. Und nicht nur dies: Ganz England sollte mit Falschgeld überschwemmt werden, damit ein Währungschaos entstünde.

Himmler hatte ebenso wenig Glück wie Smolianoff und Genossen. Gegen Kriegsende wurden die »Blüten« aus dem KZ Sachsenhausen im Toplitzsee versenkt. Smolianoff, von den Amerikanern befreit, versuchte noch einmal »ins Geschäft« zu kommen. Er wollte Kontakt mit seinem ehemaligen Lehrer und Komplicen Professor Zotoff aufnehmen. Doch Zotoff saß gerade wieder einmal im Gefängnis.

Spätestens jetzt erkannte Smolianoff, daß sich Münzverbrechen nicht auszahlen. Er brach mit seiner Vergangenheit, auch was seine Neigung zu Blondinen betraf. Er heiratete eine dunkelhaarige Italienerin und wanderte nach Südamerika aus.

Heute beglückt Smolianoff die Kinder Brasiliens mit Spielzeug. Woher er das Geld für seine Fabrik nahm? Aber wer wird denn gleich Böses denken! Er finanzierte sein Unternehmen mit der Wiedergutmachung, die er sich als ehemaliger KZ-Häftling und Verfolgter des Naziregimes auszahlen ließ.

Reiche Scheiche, fauler Zauber

Die Falschgeldexperten von Interpol, die 1964 von Den Haag ins Pariser Hauptquartier übergesiedelt sind, verrichten ihre Arbeit im stillen. Ihr unentwegter, zäher Kampf gegen die Münzverbrecher macht nur selten Schlagzeilen. Vielleicht liegt das daran, daß man die Falschmünzer gemeinhin noch nur für »Gentlemanverbrecher« hält, vielleicht auch daran, daß die Fälscher – im großen gesehen – nur geringfügigen Schaden anrichten können. Dank Interpol!

Wesentlich heftigeren Anteil nimmt die Öffentlichkeit in aller Welt an der Arbeit jener Interpol-Leute, die auf den Mädchenhandel angesetzt sind. Mädchenhandel galt zu allen Zeiten bei den Kulturnationen als ein abscheuliches Verbrechen.

Mädchenhandel – gibt es so etwas heute überhaupt noch?

Wir befragten Monsieur Marcel Sicot, der bis August 1963 Generalsekretär der Interpol war. Seine Antwort: »Gewiß. Mit einem Unterschied zu vergangenen Zeiten: Heute sind die Banden besser organisiert. Manche haben ihre Verbindungen in der ganzen Welt. Die Agenten sind raffiniert und oft gebildet. Die moderne Nachrichtenübermittlung erleichtert ihre verbrecherische Tätigkeit – die Verschleppung menschlicher Wesen.«

Neue Frage: »Was wissen Sie von der Verschleppung von Menschen?«

Sicots Antwort: »Unter dem Deckmantel artistischer Tourneen werden oft unschuldige Mädchen ins Ausland gebracht. Mädchen, die sich als Tänzerin oder Bardame verpflichten, landen statt in Nachtklubs oder Bars in Freudenhäusern.«

Als der verdienstvolle, inzwischen in den Ruhestand getretene Meisterdetektiv Sicot das sagte, könnte er an den Fall der jungen Deutschen Margot Amberg (der Name wurde aus verständlichen Gründen geändert) gedacht haben.

Nicht im Traum wäre es Margot Amberg eingefallen, Ballettstunden zu nehmen und sich als Tänzerin ausbilden zu lassen. Gewiß, sie tanzte gern und gut, aber das Zeug zu einer Künstlerin hatte sie wirklich nicht.

Daß sie dann doch eines Tages die Ballettschuhe anzog, daran war Henri Varel schuld.

Ein charmanter Junge, dieser Henri. Margot, die aus dem heimatlichen Bayern nach Paris gekommen war, um ihre Französischkenntnisse aufzufrischen, hatte ihn an einem Samstagabend in der Tanzhalle »La Boule à Jo« kennengelernt.

Welch betörende Komplimente er machen konnte, wie lieb er war und wie gut erzogen! »Ich vertraute ihm, ich konnte einfach nicht wissen, daß er ein Schuft ist«, sagte Margot später vor Gericht.

Henri war nicht ihre erste Liebe. Er wurde ihre größte. Man verliebt sich leicht unter dem Himmel von Paris.

Aber um zu heiraten, braucht man auch in Paris viel Geld.

Zwar verfügte Henri – wie er beteuerte – über ein gutes Einkommen, aber Ersparnisse, nein, die hatte er nicht.

Margot hätte so gern mitgeholfen, einen Hausstand zu gründen. Was sollte sie bloß unternehmen? Mit ihrem spärlichen Französisch konnte sie sich eben als Hausgehilfin verdingen. Und das brachte nicht viel ein.

Eines Tages wußte Henri Rat. Was er vorzuschlagen hatte, gefiel ihm, wie er beteuerte, gar nicht. Aber es war der einzige erfolgversprechende Weg zum erhofften Hausstand. Meinte Henri.

»Wenn du dich als Tänzerin ausbilden ließest«, sagte er ihr, als sie abends engumschlungen an der Seine entlangbummelten, »dann könntest du eine Auslandstournee mitmachen, die mein Freund Marcel de Lattre – ein prima Kerl übrigens – gerade organisiert. Das bringt eine Menge Geld«, er küßte sie sanft auf die Wange, »aber dann müßte ich für ein paar Wochen ohne dich leben, Chérie.«

Der Gedanke an eine Trennung erschien auch Margot schrecklich. Aber lieber für ein paar Wochen getrennt und dann verheiratet als gar nicht verheiratet. Margot ging zu dem Tourneemanager Marcel de Lattre. Monate später stand sie als Kronzeugin der Anklage gegen de Lattre vor Gericht. Anklage: Mädchenhandel.

Da war sie nicht mehr das lebenslustige Mädchen, das mit achtzehn Jahren nach Paris gekommen war und so gern tanzte und kokettierte. Da war sie eine verwüstete Frau, die durch die Hölle orientalischer Etablissements und den Harem eines Scheichs gegangen war.

Ihr nach den Prozeßakten aufgeschriebener Bericht ist die Geschichte eines verpfuschten Lebens:

»Aber ja, natürlich gebe ich zu, daß ich leichtfertig war, als ich mich auf diese Tournee einließ. Ich vertraute Varel und konnte damals nicht wissen, was für ein Schuft er ist. Und verliebt war ich auch.

Das gehört nicht hierher, ich weiß, und ich sag's auch nicht, um mich zu verteidigen.

Henri Varel brachte mich zu Monsieur Marcel de Lattre, einem Freund von ihm, wie er sagte, einem Artisten und Manager.

Das Studio dieses de Lattre befand sich in der Rue Pigalle, in einem alten, düsteren Hinterhaus. Als Varel mich am Abend zu ihm brachte, trafen wir de Lattre mit den anderen Mädchen im Ballettsaal hinter dem kleinen Büro. Es war eigentlich kein Saal, es war ein ziemlich großes Zimmer und darin ein Klavier, sonst kein einziges Möbelstück.

De Lattre klimperte auf dem Klavier herum, und die Mädchen, die nichts weiter anhatten als winzige Höschen und Büstenhalter, stellten nach seinen Kommandos lebende Bilder. Sie nahmen neckische Posen ein, lächelten angestrengt und wackelten mit den Hüften. Also nein, und das sah ich sofort, mit Tanzen hatte das nicht viel zu tun.

Es waren sechs Mädchen. Zwei von ihnen kannte ich vom Sehen. Hilde und Lisa, sie waren mit mir im gleichen Sprachkursus. Alle sechs Mädchen waren Blondinen.

De Lattre brach die Probe ab, als er mich sah. Er schickte die Mädchen hinaus. Ich mußte ihm etwas vortanzen, allein, und da kam ich mir ziemlich dumm vor, denn bisher hatte ich immer nur mit einem Partner getanzt. Ich machte ein paar Tangoschritte, machte ein bißchen Samba und Cha-Cha-Cha und so.

Mit Kunst hatte das nichts zu tun, das weiß ich selbst, aber ich bemühte mich, ihm zu gefallen. ›Wenn er mich mit auf seine Auslandstournee nimmt‹, dachte ich, ›ist es sicher ein Chance für mich.‹ Und so dachte ich mir auch nichts, als er sagte, ich solle jetzt mal nicht zimperlich sein und ihm meine Beine zeigen. Ich zeigte sie ihm.

Varel fragte ihn, ob er ihm zu viel versprochen hätte, und de Lattre sagte nein, und ich sei genau der Typ, der ihm noch gefehlt habe. Wenn ich einverstanden sei, könnten wir gleich einen Vertrag machen.

Ich sagte ja.

Der Vertrag, den ich am selben Abend noch unterschrieb, garantierte mir eine Mindestgage von zwölfhundert Francs (umgerechnet etwa tausend Mark) im Monat und für Kost und Logis einen Spesensatz von dreißig Francs im Tag.

Mir schwindelte, als ich die Zahlen las. Aber ich hätte besser daran getan, den drei Schreibmaschinenseiten langen Vertrag genauer zu lesen, und zwar Wort für Wort und mit allen Klauseln. Eine der Klauseln besagte nämlich, daß der Manager, Monsieur de Lattre also, sich das Recht vorbehalte, die Gesamtgage erst nach Abschluß der Tournee auszuzahlen. Aus steuertechnischen Gründen, wie es hieß.

Aber das erfuhr ich erst, als wir schon in Beirut waren und

ich nicht mehr mitmachen wollte; als de Lattre mir auf seine Weise klarmachte, daß wir nach seiner Pfeife zu tanzen hätten und er laut Vertrag mit uns machen könne, was er wolle.

Er machte mit uns, was er wollte . . .«

An dieser Stelle ihrer Zeugenaussage wurde Margot von dem Gerichtsvorsitzenden unterbrochen. Hier, sagte er, komme das Gericht auf den wesentlichen Punkt der Anklage. Sie, die Zeugin Margot Amberg, sei angehalten, rückhaltlos die Wahrheit zu sagen.

Das wolle sie, sagte Margot.

Das Gericht beriet sich kurz und kam zu dem Entschluß, während der nun folgenden Befragung der Zeugin die Öffentlichkeit auszuschließen.

Der Saal wurde geräumt.

Hier nun die Fragen des Gerichtsvorsitzenden und die Antworten der Zeugin:

Vorsitzender: »Als Sie diesen Vertrag unterschrieben, den Sie, wie Sie hier bekunden, nicht in allen Punkten durchgelesen haben, Mademoiselle, da hätten Sie sich doch sagen müssen, daß an der ganzen Geschichte einiges faul war. Glaubten Sie wirklich, der Angeklagte würde Ihnen eine derart hohe Gage nur für Ihre – sagen wir mal – ›künstlerischen Leistungen‹ zahlen?«

Zeugin: »Aber er hat sie ja nicht gezahlt, diese Gage. Nicht einen Franc. Sonst hätte es ja gar nicht so weit kommen können.«

Vorsitzender: »Wie weit, Zeugin?«

Zeugin: »Daß wir uns mit Gästen einließen.«

Vorsitzender: »Zu welchem Preis?«

Zeugin: »Das weiß ich nicht, Herr Vorsitzender, denn kassiert hat ja immer Monsieur de Lattre. Wir blieben auf Trinkgelder angewiesen, und die waren geringer als die uns vertraglich zugesagten Spesen für Verpflegung und Zimmer.«

Vorsitzender: »Diese Spesen hat er Ihnen auch vorenthalten?«

Zeugin: »Ja. Zuerst nicht. Nicht, solange wir noch in Europa waren. Da hielt er sich noch zurück, betreute uns ordentlich, kümmerte sich um alles, um die Zimmer, das Essen, alles das, und achtete sogar darauf, daß wir uns immer tadellos benahmen, moralisch und so. Liebschaften und solche Episoden, also nein, da war er streng, so was duldete er nicht. Jetzt weiß ich: Er wußte, er hatte Zeit. Er konnte abwarten, und als es dann so weit war, hatte er uns fest in der Hand, und wir mußten nach seiner Pfeife tanzen. Ob wir wollten oder nicht.«

Vorsitzender: »Wann begann das?«

Zeugin: »In Beirut. In der Fontana-Bar. Wir traten abends und in der Nacht dreimal mit unserer Tanznummer auf. Es war immer dieselbe Nummer. Zwischen den Auftritten hatten wir zwei Stunden Pause.«

Vorsitzender: »Was geschah in diesen Pausen?«

Zeugin: »In Beirut?«

Vorsitzender: »Ja, wir sind jetzt in Beirut.«

Zeugin: »Aber ich kann nur sagen, was ich selber erlebt habe.«

Vorsitzender: »Das ist es, Zeugin, genau das, was das Gericht von Ihnen hören möchte, um herauszufinden, inwieweit der Angeklagte, Monsieur de Lattre, im Sinne der Anklage tatsächlich schuldig geworden ist. Erzählen Sie.«

Zeugin: »Alles, Herr Vorsitzender?«

Vorsitzender: »Aber ja. Alles. Und schonungslos, auch soweit es Sie betrifft.«

Zeugin, nach kurzem Zögern: »Gut.«

Aber sie sprach nicht gleich weiter und ließ sich Zeit mit ihrem Bericht über ihre Erlebnisse in Beirut. Ihr Gesicht straffte sich. Sie sah hinüber zur Anklagebank. Ihr Blick streifte Marcel de Lattre; ihr Blick drückte aus, was sie für ihn empfand: Haß.

Er hatte sie zerstört, und jetzt, das konnte man spüren, wollte sie ihn vernichtet sehen, diesen Mann, der sie ruiniert hatte.

Der Mann auf der Anklagebank, in Beirut noch ihr Manager, wich ihrem Blick nicht aus. Noch kapitulierte er nicht, noch war er nicht so weit, und er gab es ihr zu verstehen, als er ihren Blick erwiderte.

Sein Blick war stechend und hatte auch jetzt noch etwas Suggestives, Zwingendes. Und doch war diesem Monsieur Marcel de Lattre, Artist und Manager, nicht anzusehen, daß er es verstanden hatte, eine Gruppe junger Mädchen seinem Willen zu unterwerfen und zu zwingen, ihre Gunst zu verkaufen.

Marcel de Lattre, vierzigjährig, war knapp mittelgroß. Ein dürres, vogelgesichtiges Männchen. Sehr lebhaft, cholerisches Temperament. Kalte, intensiv helle Augen; fischäugiger Blick. Auffallend große, fleischige Ohren. Der Mund schmallippig; ein karger geiziger Mund. Markant ausgeprägtes Kinn. Im dürren Hals ein beim Schlucken wippender Adamsapfel.

Nein, kein schöner Mann.

Kein Mann: ein Teufel ...

Als Margot, Kronzeugin der Anklage gegen Marcel de Lattre, dann berichtete, geschah es schonungslos, schonungslos auch gegen sich selbst. Ihr Haß diktierte die Sätze.

Da das Protokoll ihrer Aussage der von der Verhandlung ausgeschlossenen Öffentlichkeit vorenthalten bleiben muß, beschränken wir uns darauf, Margots Bericht so nachzuerzählen, daß die intimsten und peinlichsten Einzelheiten dem Leser erspart bleiben.

Beirut: September 1961.

Die Tage sind noch heiß, die Nächte schon lang.

Die am Fuße des Libanon gelegene Haupt- und Hafenstadt mit ihren knapp 300 000 Einwohnern, Handelsplatz mit Universität, gebärdet sich bei Tag europäisch und erinnert sich bei Nacht, daß sie zum Orient gehört. Eine Stadt mit zwei Gesichtern, westlich, europäisch das eine, östlich, orientalisch das andere.

Bei Nacht zeigt sie ihr orientalisches.

Die sieben Mädchen der Tanzgruppe des Managers Marcel de Lattre kamen bei Tag in Beirut an, aber sie erlebten diese Stadt zwischen Gebirge und Meer nur bei Nacht. Bei Tag schliefen sie, denn in den Nächten ging es lebhaft zu, wild und wüst und strapaziös. Orientalische Lebemänner wollen für ihr Geld etwas sehen ...

Es war in der Fontana-Bar ...

»So, Kinder, die Premiere hätten wir hinter uns. Eigentlich ein Grund zum Feiern.«

Margot Amberg war blendender Laune. Sie und ihre sechs gut gewachsenen Kolleginnen hatten eben ihren ersten Auftritt in der Fontana-Bar überstanden.

Natürlich hatte Margot Lampenfieber gehabt, in spärlicher Kleidung vor begehrlich blickenden Männern herumzuhopsen, dazu gehörte schon Überwindung. Aber wenn sie sich vor Augen hielt, wieviel Geld sie damit verdienen konnte – nein, da gab es Schlimmeres.

So dachte Margot Amberg. So dachten die anderen sechs Mädchen in der Garderobe der Fontana-Bar. Während sie sich abschminkten und sich aus den enganliegenden, tiefausgeschnittenen »Kostümen« schälten, tauschten sie belustigt ihre Beobachtungen aus.

»Dem alten Scheich wären ja beinahe die Augen aus dem Kopf gefallen ...«

Marcel de Lattre klopfte nicht an, als er die Garderobe betrat. Er wischte das verstörte, empörte »Huch« der aufgeschreckten Mädchen mit einer zynischen Handbewegung beiseite.

»Das könnt ihr euch sparen, meine Süßen!«

Er grinste schief. »Habt euch nicht so«, höhnte er, »was seid ihr denn schon? Nichts. Aus euch würde nie etwas werden, wenn ich euch nicht engagiert hätte. Aber jetzt winkt euch eine noch größere Chance.«

»Und wie sieht sie aus, diese Chance?« fragte Margot.

»Ganz einfach«, sagte de Lattre kalt. »Indem ihr eure vertragliche Gage selbst aufbessert. Am Ende«, jetzt grinste er wieder, »bei der Auszahlung, meine ich, könnte das ein kleines Vermögen ausmachen.«

»Das verstehe ich noch nicht ganz«, sagte Margot. »Was müssen wir denn tun, um uns dieses kleine Vermögen zu verdienen?«

»Nicht viel«, war Marcel de Lattres Antwort. »Denn die Männer, vor denen ihr euch auf dem Podium als Schönheitstänzerinnen produziert habt, verlangen von euch nur das, was jeder Mann erwartet, der sich mit einem Mädchen einläßt ... Ich denke, ihr habt kapiert.«

Die Mädchen sahen sich an. Sie hatten verstanden. Sie sollten Gästen »gefällig sein«, wie man so sagt. Man konnte es auch anders nennen: sich verkaufen.

»Das kann doch nicht Ihr Ernst sein«, tönte es im Chor. »Das steht nicht im Vertrag.«

»Nie und nimmer.«

De Lattre hörte sich die Proteste gelassen an. Er lächelte immer noch.

»Genug palavert«, herrschte er sie schließlich an. »Ich habe euch in der Hand, und das habe ich sogar schriftlich. Jede von euch hat unterschrieben, daß sie bereit ist, sich auch für Nebenleistungen zur Verfügung zu stellen.«

»Aber nicht für Leistungen dieser Art«, protestierte Margot Amberg.

De Lattre versuchte es noch einmal im guten: »Was ist denn

schon dabei? Ihr seid doch sonst so verrückt danach, euch zu amüsieren und etwas zu erleben. Na bitte. Tut doch bloß nicht wie die Unschuldslämmer vom Land. Ich kenne euch, vielleicht sogar besser, als ihr euch selber kennt.«

Er sah die Mädchen reihum an. Sie waren nur spärlich bekleidet. Sehr spärlich. Zwei hatten – als de Lattre unangemeldet eingetreten war – hinter ihrem Handtuch Schutz gesucht.

So hatte er sie oft gesehen; dieser Anblick hatte für ihn nichts Erregendes mehr. In seinen Augen waren sie einfach Ware. Ware, die er mit großem Profit auf den Markt bringen wollte. Hier in Beirut hatte er den richtigen Markt gefunden. Die Nachfrage war enorm.

In der Garderobe der Tanzgirls war es still geworden. Und de Lattre spürte nur zu genau, daß die eine oder andere längst dachte: »Vielleicht ist doch eine Chance damit verbunden, vielleicht – wenn ich Glück habe – angle ich mir dabei sogar einen schwerreichen Scheich . . .«

Seltsam, daß so viele Mädchen davon träumen, das Glück an der Seite eines Scheichs zu finden. Ist es der vermeintliche Zauber des Orients? Oder ist es schlicht verwerfliche Begehrlichkeit?

Vielleicht aber hatte in Margot Ambergs Gruppe auch nur die Einsicht Raum gewonnen, daß man – ohne Geld und fern der Heimat – gegen einen brutalen Gauner wie de Lattre nichts ausrichten kann?

Margot Amberg selbst jedoch blieb, wenn man ihrem in der Gerichtsverhandlung abgelegten Geständnis auch in diesem Punkt glauben darf, standfest. Sie protestierte schärfer. Sie sei immerhin verlobt. Mit Henri Varel, der sie seinem Freund Marcel de Lattre anvertraut habe und in Paris auf sie warte.

Für dieses Argument hatte de Lattre nur blanken Hohn übrig. Er kannte seinen Freund Varel besser und wußte, was von dieser Verlobung zu halten war.

Es klopfte. Die Wirtin der Nachtbar steckte den Kopf herein. Sie war um die Fünfzig, eine füllige, vollbusige Matrone mit verlebtem Gesicht.

»Was ist los, Monsieur? Etwa Schwierigkeiten mit den Girls? Möchte ich nicht hoffen, in Ihrem Interesse, Monsieur. Unsere Abmachung gilt. Die Herren warten und möchten unterhalten werden.«

»Die Herren werden nicht vergeblich warten«, entgegnete de Lattre.

Er wandte sich an die Mädchen. »Also los, ihr wißt Bescheid, Madame bringt euch nach unten.«

Die Mädchen folgten. Bis auf eine. Margot Amberg blieb zurück.

»Was ist mit dir los?«

»Ich gehe nicht«, trotzte Margot. »Mit mir können Sie das nicht machen, Monsieur.«

»Doch«, sagte de Lattre und schloß die Tür ab. »Du ahnst gar nicht, was ich alles mit dir machen kann. Aber du wirst es erleben. Jetzt, auf der Stelle.«

Er trat an sie heran, und bevor sie zurückweichen konnte, schlug er zu. Einmal, zweimal. Margot strauchelte und fiel hin. De Lattre ließ von ihr ab und ging nach unten.

Ein weinendes Bündel Elend blieb zurück.

Margot hörte die Schritte nicht, die durch den Korridor auf die offenstehende Tür zukamen. Der Mann, der langsam eintrat, trug den Burnus der Eingeborenen. Er beugte sich über sie und berührte ihre Schulter.

Sie zuckte zurück aus Angst vor neuen Schlägen.

Da sah sie seine Hand, eine fremde Hand. Eine dunkelbraune, mit schweren Ringen geschmückte Hand. Die Steine in den Ringen waren ein Vermögen wert.

»Ein Scheich«, durchzuckte es Margots Hirn.

In diesem Augenblick faßte sie einen verzweifelten Entschluß, wie sie später vor Gericht aussagte. Sie würde sich nicht mehr wehren. Nein, sie würde den Herren zu Willen sein. Aber sie würde sich eines Tages fürchterlich an de Lattre rächen.

»Komm mit«, flüsterte der Dunkelbraune heiser und half ihr vom Boden auf.

Sie folgte ihm. Sie dachte nur noch an ihre Rache.

Margot Amberg verfolgte von Anfang an ein bestimmtes Ziel, und sie erreichte es: den Scheich eifersüchtig zu machen.

Eines Nachts flüsterte er ihr ins Ohr: »Ich will dich allein für mich haben, ganz allein.«

»Das geht nicht«, reizte sie ihn. »Sie wissen doch, daß ich tun muß, was Monsieur de Lattre bestimmt.«

»Ach was«, wehrte er ihren Einwand ab. »Jeder hat seinen Preis, auch dieser Hundesohn. Ich bin reich. Ich kaufe dich ihm ab.«

»Wirklich? Und wieviel, glauben Sie, bin ich Ihnen wert? Wieviel würden Sie für mich bezahlen?«

Er überlegte nicht lange.

»Zehntausend oder auch zwanzigtausend Francs.«

»Zwanzigtausend, gut. Für so viel wird er mich bestimmt freigeben.«

Gleichzeitig dachte sie: »Diese zwanzigtausend Francs werde ich dem sauberen Monsieur de Lattre wieder abjagen. Das ist der Preis, den er mir für die Hölle dieser widerlichen Nächte in Beirut zahlen muß.«

Der Scheich hielt Wort.

Er wurde mit de Lattre handelseinig, das »Geschäft« kam zustande, und Margot erhielt ihren Reisepaß zurück, den de Lattre bis dahin unter Verschluß gehalten hatte. Das gehörte mit zu seiner Taktik, denn er verhinderte dadurch, daß die Mädchen der »Tanztruppe« gegen seinen Willen nach Hause reisten.

Margot hatte den ersten, wenn auch teuer bezahlten Schritt zurück in die Freiheit geschafft.

Der Scheich wollte sie als siebte Nebenfrau in seinen Harem stecken, aber sie bestand auf einem eigenen Bungalow und setzte ihren Willen durch. Der lüsterne Alte war ihr hörig geworden.

Ihre Hoffnung freilich, der Scheich werde ihr auch ein königliches Taschengeld gewähren, diese Hoffnung trog; der Mann war ebenso geizig, wie er in der Liebe unersättlich war. Zwar hatte sie nun wieder ihren Paß in den Händen und konnte sich frei bewegen. Aber damit war ihr nur wenig geholfen. Sie wollte zurück nach Paris. Die Reise war teuer. Und sie hatte kein Geld.

Sie war zwei Monate die Lieblingsfrau des Scheichs, als sie hörte, de Lattre habe den Kontrakt mit der Fontana-Bar gelöst und werde am Monatsende mit seiner Truppe nach Europa zurückreisen.

In Margots Augen blitzte ein Hoffnungsschimmer.

Eines Abends, fünf Tage vor dem von de Lattre festgesetzten Abreisetermin, verließ sie ihren Bungalow und fuhr mit einem Taxi zur Fontana-Bar. Der abendliche Amüsierbetrieb war noch nicht angelaufen. Die Mädchen, schon in ihrer »Berufskleidung«, winzigen Dessous, standen gelangweilt in der Garderobe herum.

»Sieh mal einer an, welch hoher Besuch.« Monsieur de Lattre

trat ein. Er musterte Margot kurz. »Daß es dir gut geht mit deinem Scheich, seh' ich. So ein Glück. Und wem verdankst du's?«

»Ihnen bestimmt nicht«, antwortete sie schnippisch.

»Na ja«, meinte er tadelnd. »Vergiß nicht, wenn ich dich nicht hätte gehen lassen ... Komm, wir wollen darauf einen trinken.«

Sie verließen die Garderobe, und Margot ging mit ihm an die Theke.

»Was magst du?«

»Irgendwas. Egal was.«

Er schob ihr ein Sektglas hin.

»Prost, Kindchen, auf deine Karriere.« Sie tranken.

»Na, wie hab' ich das gedreht mit dem ollen Scheich? Müßtest mir eigentlich dankbar sein«, begann er wieder.

»Bin ich«, sagte sie kalt. »Aber da ist noch etwas offengeblieben zwischen Ihnen und mir, Monsieur de Lattre. Eine Rechnung, die ich gern kassieren möchte.«

Da er sie verständnislos ansah, wurde sie deutlicher.

»Sie werden Ihre Zelte hier doch nicht abbrechen wollen, ohne mir meine Gage auszuzahlen? Fünf Monatsgagen. Und was noch nebenbei angefallen ist. Das kleine Vermögen, das wir, so sagten Sie doch damals, zusätzlich verdient haben. Damals, Sie wissen schon, als ich nicht gleich mitmachen wollte und Sie mir handgreiflich klarmachten, daß mir gar nichts anderes übrigbliebe.«

Sein mageres Gesicht verzog sich zu einer faunischen Fratze.

»Deine Gage?« Die Gönnerhaftigkeit war wie weggewischt. »Bleib auf dem Teppich, Kindchen. Was Besseres kann ich dir nicht raten. Ich hab' dir dazu verholfen, das Große Los zu ziehen, 'nen Volltreffer, 'nen steinreichen Scheich. Da kann ich dir nur raten: Schlag dir die Gage aus dem Kopf.«

Er trank sein Glas leer, stieß es hart zurück und rutschte vom Barhocker.

»Wir sind uns einig, denk' ich. Und wenn ich sonst was für dich tun kann ...«

»Doch«, sagte sie und hielt ihn zurück. »Sie können. Wenn Sie es tun, sind wir quitt. Was die Gage betrifft.«

»Was denn noch? Na, red schon.« Er tat gelangweilt und sah sich in der Bar um. Die ersten Gäste saßen an den kleinen

Marmortischen, und die Mädchen klemmten sich an ihre Seite, um sie zu animieren und den Umsatz zu steigern.

Margot nippte noch einmal an ihrem Glas und sagte: »Ich habe gehört, daß Sie in fünf Tagen mit den Girls nach Frankreich zurückfahren.«

»Stimmt. Und?«

»Nehmen Sie mich mit, Monsieur. Das ist alles, was ich möchte. Meine Gage wäre der Fahrpreis. Das meinte ich, als ich sagte, daß wir dann quitt sind.«

»Und dein Scheich?« fragte de Lattre. »Wenn ich dich mitnehme, könnte er es als Entführung auslegen.«

»Was der Scheich denkt, ist mir schnuppe. Ich halte es bei dem gräßlichen alten Kerl sowieso nicht mehr aus. Bitte, bitte, Sie müssen mir helfen.«

»Gut«, sagte er. »Es ist zwar gefährlich für mich, denn der Scheich könnte Schwierigkeiten machen, aber ich tu's, ich nehme dich mit zurück. Bereite alles so vor, daß du am 31. aus Beirut verschwinden kannst. Wir reisen mit der ›Mauritania‹. Das Schiff legt abends um zehn Uhr ab. Ich werde die Passage für dich buchen. Dafür brauche ich deinen Paß.«

Sie nahm den Paß aus ihrer Handtasche und schob ihn über den Tisch.

Am Abend des 31. verschwand Margot Amberg für immer aus dem Leben des Scheichs.

Der Alte tobte, als er das Liebesnest leer fand, aber er unternahm nichts. Die Polizei zu alarmieren wäre einfach zu blamabel gewesen . . .

Die Überfahrt verlief glatt und ereignislos. Jedenfalls für de Lattre. Die Tournee war beendet, er hatte ein Bombengeschäft gemacht, jetzt spielte er wieder den Biedermann und zeigte sich rührend besorgt um den Ruf der Mädchen. Wie eine Gouvernante wachte er darüber, daß sie keinen Kontakt zu den Mitreisenden bekamen. Sie hätten ja plaudern können.

Er konnte allerdings nicht verhindern, daß Margot ihre Kolleginnen aus der Fontana-Bar mehr und mehr gegen ihn aufbrachte. Er spürte, daß etwas im Gange war, aber er ahnte nicht, daß es gegen ihn gerichtet sein könnte.

Die Mädchen – außer Margot – waren sich einig: »Wenn er uns auszahlt und sich an den Vertrag hält, lassen wir ihn ungeschoren. Wenn er uns zu betrügen versucht, bringen wir ihn vor Gericht. Wegen Kuppelei und Mädchenhandel.«

Die »Mauritania« lief Marseille an. Die Mädchen stürmten de Lattres Kabine und verlangten, daß er sie auszahle, bevor sie an Land gingen.

De Lattre blieb ungerührt und fertigte sie kurzerhand ab. »Ausgezahlt wird in Paris. Die Tournee hat in Paris begonnen und endet auch dort. So steht es im Vertrag, da habt ihr's schwarz auf weiß. Haltet euch daran, ich muß mich auch daran halten.«

Dagegen war nichts zu sagen, so stand es wirklich im Vertrag.

Gut, dann also in Paris.

Margot Amberg jedoch hatte noch eine andere Rechnung zu begleichen. Sie stellte de Lattre unter vier Augen, als das Schiff am Kai in Marseille festmachte.

»Ich muß Sie dringend sprechen.«

»Nur zu, wenn's nicht zu lange dauert. In fünf Minuten gehen wir von Bord.«

»Ganz kurz also, Monsieur de Lattre: Sie haben Wort gehalten und mich nach Frankreich zurückgenommen. Ich habe die Passage mit meiner Gage bezahlt. Wir sind also quitt.«

»Stimmt.« Er sah sie an. »Und was kommt jetzt?«

»Die andere Rechnung«, sagte sie. »Es gibt nämlich noch eine, und die ist zwischen uns offengeblieben.«

»Ich weiß von keiner Rechnung, aber sprich dich nur ruhig aus, Mädchen.«

»Der Scheich hat mich für 20 000 Francs abgekauft . . .«

»Na, und?« Seine Augen verengten sich, sein Blick wurde tückisch.

»Glauben Sie, daß es richtig ist, wenn die 20 000 Francs in Ihrer Tasche bleiben?«

»In welcher sonst?«

Sie hatte erwartet, daß er so und nicht anders reagieren würde. Deshalb sagte sie prompt: »Sie müßten eigentlich wissen, was auf Kuppelei und Mädchenhandel steht.«

»Ist das eine Drohung?«

»Eine Warnung, Monsieur de Lattre.«

Er starrte sie an, und sie hielt seinem Blick stand.

Jetzt erst spürte er ihren Haß, er ahnte, daß sie nicht zögern würde, ihn zu vernichten. Sie war hart geworden, während dieser demütigenden Monate in Beirut.

»Verstehe«, lenkte er ein. »Keine Sorge, Chérie, wir werden uns auch in dieser Frage so arrangieren, daß wir beide zufrieden sein können.«

»Um so besser.«

»Abgerechnet wird in Paris, in meinem Büro. Das habe ich den Mädchen schon klargemacht. Dann, aber das geht nur dich und mich an, werden wir auch diese Rechnung begleichen. Übrigens ...«

»Ja?«

»Ich mag es nicht, wenn man mir droht.«

»Ich habe Sie nur gewarnt, Monsieur de Lattre.«

Als sie das Schiff verlassen hatten, waren es noch zwei Stunden bis zur Weiterfahrt mit dem Expreß nach Paris. De Lattre trennte sich von den Mädchen, um »die Fahrkarten zu besorgen«.

»Also in zwei Stunden am Bahnhof. Aber seid pünktlich, der Zug wartet nicht.«

Er bestieg ein Taxi auf dem Hafenplatz und ließ sich in die Stadt fahren.

Margot folgte ihm in einem zweiten Taxi.

De Lattres Wagen fuhr die Canebière hinauf, bog dann in eine Seitenstraße ein und hielt vor dem Gebäude einer Schiffahrtsgesellschaft.

Margot ließ ihren Fahrer ebenfalls anhalten und beschwatzte ihn, dem Herrn zu folgen und festzustellen, ob und wohin er eine Schiffspassage belege. Sie drückte dem Taxichauffeur eine große Banknote in die Hand. Der Herr, erklärte sie, sei ihr Mann; sie habe ihn im Verdacht, daß er sich aus dem Staub machen wolle.

Der Taxifahrer wußte, wie es im Leben zugeht; er fragte nicht lange und heftete sich an de Lattres Fersen.

Margot wartete etwa zehn Minuten. Dann hatte sie Gewißheit. Ihr Verdacht wurde bestätigt.

»Sie haben recht«, berichtete der Taxifahrer aufgeregt. »Sieht ganz so aus, als wolle er türmen. Er hat eine Passage für den nächsten Dampfer nach Buenos Aires belegt.«

Also doch.

»Und wann geht das Schiff, wissen Sie es?«

»Morgen früh um sieben«, sagte der Taximann. »Was jetzt, Madame?«

»Ich muß es verhindern.« Sie überlegte kurz. »Bitte fahren Sie mich zur Polizeipräfektur.«

»Wollen Sie ihn anzeigen, Madame?«

»Und ob ich das will. Er – also ja, Ihnen kann ich's ja sagen. Er hat nämlich so einiges auf dem Kerbholz. Und wenn sie ihn verurteilen werden, dann wegen Kuppelei und Mädchenhandel.«

»Diese Branche also ...?«

»Ja, diese Branche«, sagte Margot hart. »Und die kommt, so wie ich sie kennengelernt habe, gleich nach Mord und bestialischem Totschlag.«

Auf der Fahrt zur Präfektur fiel ihr ein, daß sie die sechs anderen Mädchen als Zeugen für ihre Anzeige brauchte. Sie ließ das Taxi kurz wenden und die Mädchen im Hafen abholen.

Sie erwartete sie am Bahnhof.

Der Kommissar auf der Präfektur hatte alle Mühe, die aufgebrachten Ex-Schönheitstänzerinnen zu besänftigen. Er verfuhr danach nicht gerade zart mit ihnen. Ihr heulendes Elend vermochte ihn nicht zu rühren.

Wer auf Typen wie de Lattre hereinfällt, ist eben dümmer, als es die Polizei erlaubt ...

Marcel de Lattres Festnahme erfolgte am nächsten Morgen, als er über die Gangway an Bord des Schiffes gehen wollte, um den ihm zu heiß gewordenen Boden Frankreichs fluchtartig zu verlassen.

Sein Spiel war aus.

Das letzte Kapitel der inzwischen aktenkundig gewordenen Geschichte ist in den Gerichtsprotokollen nachzulesen. Es ist die mit Tränen geschriebene Geschichte einer Handvoll erlebnishungriger und abenteuersüchtiger Tanzmädchen.

Der Prozeß, in dem sie als Anklägerinnen und Zeuginnen gegen ihren Manager aussagten, endete mit de Lattres Verurteilung wegen Kuppelei und Mädchenhandel.

Die Strafe: vier Jahre Gefängnis und Aberkennung der bürgerlichen Ehrenrechte für die Dauer der Haft.

Von Margot Amberg wissen wir, daß sie die Kraft aufbrachte, ihr Leben wieder in geordnete, gesittete Bahnen zu lenken. Sie verließ Paris und fuhr nach Deutschland zurück, nach Hause. Ihre Eltern verziehen ihr.

Margot Amberg arbeitet heute als kaufmännische Angestellte in einem großen Textilunternehmen.

Der Fall »Margot Amberg« enthüllt die gerissenen Praktiken der modernen Mädchenhändler. Er ist jedoch in einer weiteren Hinsicht typisch: Hier wird offenkundig, mit wieviel unglaublicher Naivität und Leichtfertigkeit junge Mädchen auf die Tricks gewissenloser Geschäftemacher hereinfallen.

Freilich weiß die Skandalchronik des internationalen Mädchenhandels auch von tragischeren Geschehnissen zu berichten, von echten, gewaltsamen Entführungen. Von einem solchen Schicksal wurde zum Beispiel die einundzwanzigjährige Italienerin Sophia Sorgi ereilt.

Die Tragödie begann vor der Kasse eines Theaters in Rom.

Zusammen mit ihrer Freundin Georgette, zwanzig Jahre alt, hatte sich Sophia in die Schlange vor dem Schalter eingereiht, um noch einen billigen Platz im dritten Rang zu ergattern.

Eine dem Anschein nach »bessere« Dame in Begleitung eines distinguierten Herrn trat an die beiden Mädchen heran und fragte: »Wollen Sie noch Karten für die heutige Vorstellung? Ich habe zufällig noch zwei übrig, mein Mann hat zwei Freunde eingeladen, aber leider mußten sie in letzter Minute absagen.«

Sophia und Georgette warfen nur einen kurzen Blick auf die angebotenen Karten und winkten enttäuscht ab. »Die können wir Ihnen leider nicht abkaufen, Signora, das sind ja Parkettplätze, und unser Geld reicht eben für den dritten Rang.«

»Sie haben mich falsch verstanden«, antwortete die freundliche ältere Dame, »mein Mann und ich bereiten theaterbegeisterten jungen Menschen gern eine Freude. Die Karten sollen Sie selbstverständlich nichts kosten.«

Da konnten die beiden Mädchen nicht mehr widerstehen.

Während der Vorstellung reichte der Mann Konfekt herum. Georgette lehnte dankend ab, nur Sophia griff zu. Wenige Minuten später wurde ihr übel.

Der Mann zeigte sich rührend besorgt. Frische Luft würde Sophia sicher gut tun, meinte er und erbot sich, sie hinauszubegleiten. Nach einer Weile erhob sich auch die Dame von ihrem Platz: »Mich macht das ganz nervös. Ich muß einmal nachsehen. Es wird doch hoffentlich nichts Schlimmes sein.«

Als auch Georgette Anstalten machte, nach ihrer Freundin zu

sehen, flüsterte die Dame: »Nein, bleiben Sie nur. Erzählen Sie mir dann in der Pause, wie das Stück weitergegangen ist.«

Georgette hatte keine Gelegenheit mehr, der Dame über den Fortgang der Handlung zu berichten. Die Dame kam nicht mehr, und auch ihr Mann tauchte nicht wieder auf. Und mit den beiden verschwand Sophia auf Nimmerwiedersehen.

Seitdem fand man von Sophia keine Spur. Man nimmt an, daß sie von ihren Entführern in den Orient oder nach Afrika verschleppt und an eines der berüchtigten Freudenhäuser verschachert worden ist.

Solche erschütternden Vorfälle sind jedoch selten. Obwohl sie häufig kolportiert werden, gehören die meisten von ihnen – wie die Mädchenhandel-Sachbearbeiter der internationalen Polizei wissen – ins Reich der Märchen.

Tatsächlich haben es die modernen Mädchenhändler gar nicht nötig, zu derartigen Mitteln zu greifen. Ihre »Geschäftsgrundlage« ist die Leichtgläubigkeit und Begehrlichkeit mancher junger Mädchen.

Das macht es dann für Polizei und Justiz auch nahezu unmöglich, die Lasterbarone zu überführen. Denn – um nur ein Beispiel zu nennen – der einschlägige deutsche Paragraph besagt in schwerfälligem Gesetzesdeutsch: »Wer eine Frauensperson zu dem Zwecke, sie der gewerbsmäßigen Unzucht zuzuführen, mittels arglistiger Verschweigung dieses Zweckes zur Auswanderung verleitet, wird mit Zuchthaus bis zu fünf Jahren bestraft.«

Die »arglistige Verschweigung« des lasterhaften Zweckes – darauf kommt es an.

Sind sich die Mädchen, die sich für die Vergnügungsetablissements des Nahen Ostens und Afrikas anheuern lassen, wirklich darüber im unklaren, was man von ihnen erwartet? Glauben sie, die meist ohne jedes künstlerische Talent sind, man erhoffe von ihnen Tanzkunst? Rechnen sie wirklich damit, sie könnten sich die versprochenen astronomischen Gagen durch harmlos-neckisches Beineschwingen verdienen?

Im Pariser Interpol-Hauptquartier beantwortet man diese Fragen mit einem schlichten Nein. »Ein ordentliches Mädchen, das keine Flausen im Kopf hat, riecht den Braten und macht nicht mit.«

Das ist sicher richtig, aber manche Mädchen müssen ihren

Leichtsinn so teuer bezahlen, daß man ihre Schicksale nicht ohne Erschütterung zur Kenntnis nehmen kann.

Marcelle Garnero bezahlte mit ihrem jungen Leben.

Sie war auf einen gewissen François Martini hereingefallen. Dieser Martini war dreist genug, sein »Geschäftsgeheimnis« auszuplaudern. »Die Mädchen«, höhnte er, »sind nicht sehr auf Draht. Man muß vor ihren Augen nur ein wenig Gold glänzen lassen, und jedesmal fallen sie darauf herein.«

Marcelle Garnero fiel auf seine goldglänzenden Versprechungen herein. Am 1. Juni 1962 verließ sie ihre Eltern – ohne zu fragen. Als Vater Clément Garnero, Hafenarbeiter in Toulon, nach Hause kam, fand er auf dem Küchentisch einen Zettel vor: »Ich reise nach Afrika, an die Elfenbeinküste, wo ich eine gute Stellung in Aussicht habe. Macht euch keine Sorgen. Ich schreibe bald.«

Drei Wochen später erhielten die Garneros den versprochenen Brief. Als Clément Garnero die Zeilen las, kamen ihm die Tränen. Marcelle teilte mit, sie könne die Dinge, die man in Abidjan von ihr verlange, nicht tun. Sie sehe keinen anderen Weg mehr, als aus dem Leben zu scheiden ...

Das Mädchen hatte die erschütternde Nachricht selbst verfaßt. Ihr Brief trug das Datum vom 18. Juni.

Wer Marcelle kannte, der wußte, daß sie mit solchen Dingen nicht spaßte. Sie mußte es ernst meinen. Bitterernst!

Während er die in fahriger Schrift hingehasteten Zeilen immer wieder las, sah Clément Garnero seine Tochter im Geiste vor sich – ein blühendes, einundzwanzig Jahre junges Leben. Was mußte bloß geschehen sein, daß dieses temperamentsprühende Kind – seine Marcelle – den Tod suchte?

In den Schmerz mischten sich bittere Vorwürfe. Hätte er nicht gleich zur Polizei gehen sollen? Hatte er nicht versagt an jenem Tag, als er – von der Arbeit zurückgekommen – Marcelles Zettel auf dem Küchentisch vorfand?

Er hätte das verhindern müssen. Die Polizei hätte sie vielleicht am Hafen oder auf dem Flugplatz zurückhalten können. Denn das Mädchen hatte doch offenbar den Verstand verloren. Welche »glänzenden Stellungen« konnte das schwarze Afrika schon einem mittellosen jungen Mädchen bieten?

Ja, jetzt wußte er genau, daß er damals – am 1. Juni – etwas hätte unternehmen müssen. Aber an jenem Tag hatten ihn auch andere Gedanken bewegt. Marcelle war immerhin einundzwanzig; hatte er ein Recht, ihr den nun einmal gewählten Weg zu verbauen?

Doch da waren Zweifel und Befürchtungen geblieben, die nicht schweigen wollten. Marcelles erster und letzter Brief bestätigte die schlimmsten Befürchtungen. Sie war in Abidjan zu Liebesdiensten besonderer Art gepreßt worden, und sie mochte die Schande nicht überleben.

Clément Garnero packte die kalte Wut. Diesmal wußte er, was er zu tun hatte. Er ging zur Polizei.

Die ersten Ermittlungen ergaben, daß sich Marcelle tatsächlich am 18. Juni in der Bar »Le Dauphin« mit einer Überdosis Schlaftabletten vergiftet hatte. Aber ihr Tod brachte Interpol auf die Spur »einer der größten Banden, von denen ich nach dem zweiten Weltkrieg gehört habe«, wie ein Pariser Polizeioffizier versicherte.

Der Weg der über Interpol in Abidjan alarmierten Kriminalisten führte zwangsläufig in die Rue Douze, die Straße der Nachtlokale, die Straße jener roten Laternen, die käufliche Liebe signalisieren.

Der Pächter von »Le Dauphin«, in dessen Hinterzimmern Marcelle Garnero ihrem Leben ein Ende bereitet hatte, kam mit einer abenteuerlichen Geschichte heraus. Marcelle habe sich, so gab er zu Protokoll, in einen Neger verliebt. Dieser Mann gehöre unglücklicherweise einem Stamm an, der Rassenvermischung für ein todeswürdiges Verbrechen halte. Marcelle sei also höchstwahrscheinlich von Medizinmännern vergiftet worden.

Das war starker Tobak. Das war selbst dann noch zu starker Tobak, wenn man berücksichtigte, daß auch im heutigen Afrika noch Dinge möglich sind, von denen sich unsere Weisheit nichts träumen läßt.

Die Kriminalbeamten hörten sich die Mär von den Medizinmännern an und begannen daraufhin erst recht mit gründlichen Nachforschungen in der Rue Douze.

In den nur so genannten Bars der sündigen Straße stießen sie auf viele Französinnen. Ihre Pässe wiesen sie als sehr junge Frauen aus, aber das sah man ihnen nicht mehr an. Vom Klima und dem ihnen aufgezwungenen Lebenswandel gezeichnet, hatten sie nicht mehr die geringste Ähnlichkeit mit den bezaubernden Persönchen, die den Beamten aus ihren Pässen entgegenlächelten.

In einem dieser Etablissements fanden sie auch Thérèse Hamel, eine Freundin Marcelles. Beide waren mit demselben Flugzeug nach Abidjan geflogen. Beide hatten dasselbe Schicksal erlitten. Und nun packte Thérèse aus. In ihrer Geschichte fehlten allerdings die mordlüsternen afrikanischen Medizinmänner. Dafür wußte sie von weißen Halunken zu berichten.

Das Schicksal von Marcelle und Thérèse war an jenem Tag im Mai 1962 besiegelt, als sie diesen François Martini kennenlernten.

Martini hatte einen Lebensstil, der jungen Mädchen wohl imponieren mochte. Er war mit seinen neununddreißig Jahren ein reicher Mann, und er gab sich keine Mühe, diese Tatsache zu verbergen. Man traf ihn in teuren Bars; seine protzigen Luxuswagen, in denen er schöne Mädchen herumkutschierte, erregten Aufsehen.

Aber es ist nicht alles Gold, was glänzt. Schon gar nicht bei Monsieur Martini. Für die Polizei war er kein Unbekannter. Wiederholt war er wegen Alkoholschmuggels und Schwarzbrennerei verhaftet worden.

Marcelle und Thérèse hatten davon keine Ahnung. Für sie war er ein spendabler, netter Mann, aufmerksam, aber nicht aufdringlich. Eine Art väterlicher Freund, der sich auch Gedanken über ihre Zukunft machte.

Eines Tages rückte er mit einem blendenden Vorschlag heraus. Ob die beiden nicht sehr viel Geld verdienen möchten? Marcelle und Thérèse wollten schon. »Dann müßt ihr nach Abidjan fahren. Ich habe gute Beziehungen. Als Bardame kann man dort ein kleines Vermögen machen.«

»Aber lieber Monsieur Martini«, sagte Marcelle mit ihrer kleinen Stimme, »das ist doch ganz ausgeschlossen. Eine Bardame muß über elegante Garderobe verfügen. Die habe ich nicht. Und wovon soll ich denn gar das Flugbillett bezahlen?«

Martini blickte unschlüssig vor sich hin. »Zu dumm, ja, das stimmt«, murmelte er, »daran habe ich gar nicht gedacht.«

Plötzlich hellte sich seine Miene wieder auf. »Hört mal gut zu, Kinder«, verkündete er, »ich weiß, daß ihr ordentliche Mädchen seid, und ich vertraue euch. Wißt ihr was? Ich schieße euch das Geld einfach vor. Ihr unterschreibt mir einen Schuldschein – reine Formsache –, und wenn ihr erst einmal in Abidjan seid, überweist ihr den Betrag hierher.«

»Da können Sie aber lange auf Ihr Geld warten, Monsieur Martini«, wandte Thérèse ein, »denn so viel werden wir in der ersten Zeit sicher nicht verdienen.«

»Keine Sorge«, sagte Martini, »der Besitzer des Nachtklubs ist ein guter Bekannter von mir. Er wird euch bestimmt einen Vorschuß geben. Ich schreibe ihm ein paar Zeilen, die ihr ihm überreichen könnt.«

Die beiden Mädchen blickten einander an. Sie zögerten. Durften sie das Angebot annehmen?

Martini bereitete den Zweifeln ein schnelles Ende. Er legte viertausend Francs auf den Tisch (umgerechnet etwa 3200 Mark).

Viertausend Francs!

Soviel Geld hatten Marcelle und Thérèse noch nie auf einem Haufen gesehen. Die Scheine verschwammen vor ihren Augen zu einer Fata Morgana vom großen Glück.

Die beiden Südfranzösinnen flogen nach Abidjan. Am 1. Juni 1962. Sie wurden am Flughafen erwartet. Von einem Herrn, der sich als Geschäftsführer Meastroni vorstellte, und von einer Frau Fabre. Die Sache mit dem Vorschuß wurde noch im Flughafenrestaurant geregelt.

Am selben Abend bekamen sie in der Bar »Le Dauphin« die neuausgestellten Schuldscheine präsentiert. Sie sollten sie nicht bezahlen, sondern abarbeiten – in den Hinterzimmern von »Le Dauphin«. Wenn sie sich weigerten, würde man sie einsperren lassen.

Achtzehn Tage später schluckte Marcelle eine Überdosis Schlaftabletten.

Soweit der Bericht von Thérèse Hamel. Ihre Angaben veranlaßten die Interpol, den ehrenwerten Monsieur Martini genauer unter die Lupe zu nehmen. Die Ermittlungen ergaben, daß etwa zwanzig Mädchen, die seine Bekanntschaft gemacht hatten, nach Abidjan geflogen waren. In die Lasterhöhlen der Rue Douze.

Mehr noch: Man fand bei Martini eine richtiggehende »Buchführung«, aus der hervorging, welche Profite er aus dem Mädchenhandel geschlagen hatte: Allein in einem Jahr waren ihm von Abidjaner Etablissements fast zwei Millionen Francs überwiesen worden.

Martini und zwei seiner Abidjaner »Geschäftsfreunde« wurden inzwischen verhaftet. Die Untersuchungen gehen jedoch weiter.

Interpol und die französische Polizei glauben, einem hervorragend organisierten Verbrecherring auf die Spur gekommen zu sein, der zwischen Südfrankreich und einigen afrikanischen Staaten operiert. Die Bande macht sich dabei den Umstand zunutze, daß diese jungen Republiken noch nicht über ein hochentwickeltes Gesetzeswerk verfügen, das zum Beispiel gewerbsmäßige Kuppelei unter Strafe stellt.

Geschichten wie diese beweisen: Der Mädchenhandel ist auch im 20. Jahrhundert noch nicht ausgestorben. In der Tat steht das Thema »Mädchenhandel« nahezu jedes Jahr auf der Tagesordnung der alljährlichen Interpol-Generalversammlungen.

Aber so unbestreitbar es ist, daß Exportgeschäfte »in Blond« getätigt werden, so gewiß ist es auch, daß die Vorstellungen, die sich die Öffentlichkeit über das Ausmaß dieses Verbrechens macht, maßlos übertrieben sind.

»10 000 Frauen verschwinden in Europa Jahr für Jahr als Opfer des Mädchenhandels.« Diese Meldung geisterte vor einiger Zeit durch die Presse. Sie führte zu »Kleinen Anfragen« in der französischen Nationalversammlung und im deutschen Bundestag.

Bei näherer Beleuchtung stellte sich das Ganze als ein Mißverständnis heraus. Eine Mitarbeiterin der französischen Wochenschrift »Demain« hatte eine Reportage verfaßt. Sie schrieb über eine private Organisation, die dem Schicksal verschwundener Personen nachgeht.

Nun ist es eine Tatsache, daß überall in der Welt alljährlich eine nicht unbeträchtliche Zahl von Männern und Frauen aus persönlichen Gründen »untertaucht«, sei es, um einer zur Qual gewordenen Ehe zu entfliehen, sei es, um ein neues, anderes Leben zu beginnen. Oder wie die Gründe auch immer heißen mögen.

Mit solchen Fällen befaßte sich die in »Demain« beschriebene private Organisation, und sie nannte der Journalistin die Zahl 10 000. Vom Mädchenhandel war allerdings in diesem Zusammenhang gar nicht die Rede.

Auf noch größere Widersprüche und Mißverständnisse stößt der Journalist jedoch, wenn er der Frage nachgeht: Gibt es in der Bundesrepublik einen Mädchenhandel? Sind deutsche Frauen in Gefahr, von gewissenlosen Ausbeutern in Amüsierlokale des Orients und Afrikas verschachert zu werden?

Ein Herr O. K. Düwo, Leiter des Deutschen Afrika-Orient-Dienstes, beantwortete die Frage vor Jahren mit einem entschiedenen Ja. Junge Mädchen verschwänden aus Deutschlands Städten, erklärte er. »Man hat ihnen eine Karriere als Ballett-Tänzerin versprochen – aber fast immer enden sie als Sklavinnen oder Straßenmädchen in den sogenannten Scheichländern.«

Weiter: »Diese erschreckenden Tatsachen sind wohl in erster Linie darauf zurückzuführen, daß sich der Geschmack der Araber, junge Frauen betreffend, in letzter Zeit merklich gewandelt hat. Sie kommen von den üppigen Formen allmählich ab. Während noch vor nicht allzu langer Zeit die einheimischen jungen Frauen am begehrtesten waren, sind sie heute schon für einen Gegenwert von nur 1800 Mark zu haben. Dagegen steigt der Preis junger Mädchen aus Europa ständig an. Bis zu 6000 Mark kosten sie auf dem Schwarzmarkt.«

Und: »An der Spitze stehen junge Deutsche.«

Vor einiger Zeit verschickte die Bundesstelle Aktion Jugendschutz in Münster ein Merkblatt, das – weniger detailliert und nicht so aufregend wie Düwos Behauptungen – immerhin zu dem Schluß kommt: »Mädchenhandel kommt auch jetzt noch sehr häufig vor.«

Eine völlig entgegengesetzte Anschauung vertritt hingegen das Bundesfamilienministerium: »Es gibt Fälle, in denen sich junge deutsche Mädchen als Tänzerinnen ins Ausland verpflichtet haben und dort in sittlich bedenkliche Situationen geraten sind. Hier handelt es sich jedoch nicht um Mädchenhandel im Sinne der strafrechtlichen Bestimmungen.«

Was ist nun richtig? Werden deutsche Mädchen auf dem internationalen Lastermarkt gehandelt oder nicht? Wir fragten Interpol; denn da Mädchenhandel ein sogenanntes »internationales Delikt« ist, kann Interpol das kompetenteste Urteil abgeben.

Frage: »Immer wieder liest man alarmierende Meldungen über deutsche Mädchen, die angeblich Mädchenhändlern in die Hände gefallen sind. Wie steht es damit?«

Interpol: »Wir haben das natürlich auch gelesen. Aber wir müssen auf Grund unserer Unterlagen feststellen, daß Mädchenhandel für die Bundesrepublik kein Problem ist. Sie können das unter anderem daraus ersehen, daß die frühere ›Reichszentrale für Mädchenhandel‹ mangels sachlichen Bedürfnisses nicht wieder ins Leben gerufen worden ist.«

Frage: »Mädchenhandel ist also für die Bundesrepublik kein Problem. Was heißt das? Sind entsprechende Fälle zu selten?«

Interpol: »Nicht nur das. Seit 1945 hat nicht ein einziges deutsches Gericht ein Urteil wegen Mädchenhandels gefällt. Wegen Mädchenhandels im strengen juristischen Sinn.«

Frage: »Und was besagt dieser strenge juristische Sinn?«

Interpol: »Das wird am besten durch ein Beispiel deutlich. Vor dem zweiten Weltkrieg ist ein Holländer wegen Mädchenhandels abgeurteilt worden. Es war übrigens der einzige Fall dieser Art.«

Frage: »Handelte es sich auch um eine Tanztournee in den Orient?«

Interpol: »Nein, der Fall lag anders. Dieser Holländer – er war bereits wegen Zuhälterei vorbestraft – hatte sich mit einer Berlinerin verlobt. Obwohl das Aufgebot beim Standesamt beantragt war, konnte die Heirat nicht stattfinden. Angeblich waren die erforderlichen Papiere aus Holland nicht rechtzeitig zu beschaffen. Die Frau reiste trotzdem nach Holland, wo sich dic beiden denn auch wirklich trauen ließen . . .«

Frage: »Aber was ist denn daran Mädchenhandel?«

Interpol: »Das dicke Ende kam nach. Nach der Eheschließung zwang der Holländer seine deutsche Frau durch Mißhandlungen, sich mit zahlungskräftigen Liebhabern einzulassen. Das Gericht, vor dem der Fall später verhandelt wurde, kam zu der Auffassung, daß der Holländer von vornherein beabsichtigt hatte, seine Frau auf die Straße zu schicken, und ihr diesen Umstand arglistig verschwiegen hatte.«

Frage: »Auf die Arglist kommt es wohl in solchen Fällen besonders an?«

Interpol: »Genau. Wer eine Frau zu einer Auslandsreise oder gar zur Auswanderung verleitet, um sie der Unzucht zuzuführen, und ihr diesen Zweck arglistig verschweigt, macht sich – im juristischen Sinn – des Verbrechens des Mädchenhandels schuldig.«

Frage: »Im Sinne der einschlägigen Paragraphen gibt es also keinen Mädchenhandel in der Bundesrepublik. Aber wie steht es mit den sogenannten Tanztourneen? Vor einiger Zeit sagte eine prominente Politikerin, etwa 60 Prozent aller Tanzengagements ins Ausland müßten als Mädchenhandel angesprochen werden.«

Interpol: »Über exakte Zahlen verfügen wir nicht. Immerhin muß festgestellt werden: Wenn es in Deutschland auch keinen Mädchenhandel im streng juristischen Sinn gibt, so kennen wir doch Tatbestände, die diesem Delikt sehr nahe kommen – so nahe, daß Ermittlungen eingeleitet wurden oder gar Anklage erhoben worden ist. Allerdings, zu einer Verurteilung ist es bis jetzt noch nie gekommen.«

Frage: »Ging es hierbei um die sogenannten Tanztruppen und Balletts für den Orient?«

Interpol: »Ja, wir hatten 1962 eine solche Sache. Das ›Angora-Ballett‹.«

Ja, das Angora-Ballett. Es hieß in Wirklichkeit ganz anders, wir haben den Namen geändert, weil das Verfahren noch nicht endgültig abgeschlossen ist. Zwar hat ein deutsches Gericht den Manager dieses Balletts verurteilt. Zu vier Jahren Zuchthaus und Ehrverlust. Wegen Kuppelei und Zuhälterei. Aber der Verurteilte hat Revision eingelegt.

Und auch die Staatsanwaltschaft hat das Urteil angefochten. Denn der Angeklagte wurde – trotz erheblicher Bedenken – von der Beschuldigung des Mädchenhandels freigesprochen. Anklagebehörde und Polizei sind noch heute der Überzeugung, daß ein echter Fall von Mädchenhandel vorliegt.

Das zu entscheiden ist Sache des Gerichts. Käme es – auf Anordnung des Bundesgerichtshofes in Karlsruhe – zu einer neuen Verhandlung und würde der Angeklagte dann doch noch des Mädchenhandels schuldig befunden – es wäre die erste einschlägige Verurteilung seit 1945.

Aber hören wir zunächst die Aussagen der betroffenen Mädchen.

Marika Th., 26 Jahre alt, sagte vor Gericht: »Zuerst sind wir in Frankfurter Nachtlokalen aufgetreten, dort brauchten wir nicht zu animieren oder mit den Gästen zu tanzen. Auf der nächsten Etappe unserer Tournee, in Wien, erwartete man bereits das Animieren und Konsumieren von alkoholischen Getränken. Wir erhielten 10 Prozent.«

Marika richtete den Blick auf die mitangeklagte Ehefrau des »Ballettmanagers«: »In Wien machte uns die Frau des Managers auf einige Kunstgriffe aufmerksam, wie wir den Umsatz und damit unsere Einnahmen steigern könnten. Beispielsweise, indem wir Asche in ein Glas fallen ließen, damit es ausgetauscht werden mußte. Oder: absichtliches Umwerfen der Gläser. Eine andere Möglichkeit sei, den Inhalt heimlich auszugießen.«

So war das in Wien. In Griechenland wurden die Gäste – immer nach der Aussage von Marika Th. – schon wesentlich aggressiver, wenn die Mädchen auch nicht zu Intimitäten gezwungen wurden. »Allerdings«, räumte Marika ein, »die Frau des Chefs hat uns bereits in Griechenland gesagt, es gäbe noch bessere Verdienstmöglichkeiten. Die Tänzerinnen früherer Tourneen hätten sich viel klüger und raffinierter benommen.«

In Nikosia auf Zypern schließlich – so Marika – hätten beide Chefs ihnen gegenüber ein spanisches Ballett gerühmt, dessen Mädchen sich mit Gästen intim einließen. Auf diese Weise könnten doch alle mehr verdienen.

Marika: »Eines Tages schickte mich der Chef ins Büro des Besitzers des Etablissements. Dort saß ein feister Mann, der mit mir eine Flasche Whisky trinken und anzüglich werden wollte. Ich habe ihm eine Ohrfeige geknallt und bin 'rausgelaufen. Darauf machte mir der Chef Vorwürfe, er würde nun Schwierigkeiten bekommen, und ich solle mich zum Teufel scheren, wenn ich mich auf so was nicht einließe.«

In Beirut ging es noch schlimmer zu. »In dem Kabarett waren Nischen, in denen wir Mädchen uns Handgreiflichkeiten der Männer gefallen lassen mußten.« In Beirut hatte sie sich dann im Verlauf der Tournee mit sechzehn Männern intim eingelassen.

Ein anderes Mitglied der Truppe, Jenny S., war beim Abschluß des Vertrages gerade siebzehn. Ihre Mutter hatte Bedenken. Aber die wurden von dem »Ballettchef« – nach Aussagen Jennys – mit dem Hinweis zerstreut, er sei schon mehrfach im Orient gewesen, und niemals sei etwas Schlimmes passiert.

Die neunundzwanzigjährige Ph. bestätigte die Aussagen ihrer Kolleginnen und ergänzte: Sie habe in Nikosia einen Freund, einen Rechtsanwalt, gehabt. »Wozu brauchst du einen Freund«, habe der Manager zu ihr gesagt. »Schaff dir lieber Männer an, die dafür bezahlen.«

Immer wieder hätten die angeklagten Eheleute gedroht und gejammert, die Tournee und damit das Geschäft sei durch die Zimperlichkeit der Mädchen gefährdet. Von den ständigen Beschimpfungen – man sprach auch von Schlägen – weich gemacht, sanken die Mädchen tiefer und tiefer ...

Hatte der Manager wirklich nicht gewußt, was man von seinen Tänzerinnen im Orient verlangen würde? Er, der nicht seine erste Tournee organisiert hatte? Mußte er nicht vielmehr Bescheid wissen? War Arglist im Spiel?

Jedes Gericht, das hier die Wahrheit, die reine Wahrheit, suchen und ein Urteil finden muß, steht vor einer schwierigen Aufgabe. Denn nach dem geltenden Recht kann es einen Schuldspruch nur dann fällen, wenn der Mädchenmanager den Reisezweck »arglistig« verschwiegen hat.

Deshalb beschränkt sich Interpol nicht nur darauf, für anhängige Verfahren Beweise zu sammeln. Mehr und mehr bemüht sich die internationale Polizei, durch Aufklärung Verbrechen zu verhüten.

Wie also können sich junge Mädchen vor Gefahren im Orient bewahren?

Interpol: »Zunächst muß den Mädchen und bei Minderjährigen vor allem deren Eltern bei verlockenden Angeboten größte Vorsicht und Skepsis empfohlen werden. Denn niemand verschenkt etwas.«

Frage: »Schön, aber das dürfte nicht reichen.«

Interpol: »Sicher nicht. Man muß Frauen und Eltern auch darauf hinweisen, daß ihnen Rechtsanwälte, Arbeitsämter und die Polizei, ja selbst das Bundeskriminalamt und die Interpol gern Rat geben. Eine derartige Auskunft sollte man sich in jedem Fall einholen, wenn einem der Text der Annonce oder des Vertrages dubios erscheinen.«

Frage: »Was verstehen Sie darunter?«

Interpol: »Verdacht müßte man schon schöpfen, wenn Anfängerinnen hohe Gagen geboten werden, aber auch, wenn die Einsendung eines Bikinibildes verlangt wird. Aber auch das muß gesagt werden: Nicht alle Länder des Nahen Ostens sind für Tänzerinnen ›gefährlich‹. In Ägypten und Libyen zum Beispiel ist den Mädchen jeder Kontakt mit den Gästen streng untersagt. Die Polizei würde unnachsichtig durchgreifen.«

Frage: »Können Sie uns einige Plätze nennen, vor denen sich Tanzmädchen, wenn es sie schon in den Orient zieht, unbedingt hüten sollten?«

Interpol: »Eine Reihe von Lokalen wird immer wieder genannt, wenn es um die erwähnten unerfreulichen Dinge geht. In Athen ist es zum Beispiel die ›Flamingo‹-Bar, in Nikosia die ›Arizona‹-Bar. In Beirut ›Kit-Kat‹, ›Effendi‹ und ›Achram‹; die ›Auberge‹ in Bagdad.«

Wer diese Warnungen überhört – ist dem noch zu helfen?

Luxus und Laster

Der wahrscheinlich aufsehenerregendste Fall von Mädchenhandel, den die Akten von Interpol verzeichnen, datiert Jahre zurück. Er wurde 1955 durch einen Zufall aufgedeckt und hielt die Weltöffentlichkeit fast ein Jahr in Bann.

Im Hintergrund der trüben Affäre standen zwei Brüder, die auf den klangvollen Familiennamen »Messina« hörten. Im Umgang mit Behörden und Mitmenschen nannten sie sich freilich anders. Sie hatten allen Grund dazu.

Das einträchtig-verbrecherische Brüdergespann würde möglicherweise noch heute seinem ebenso einträglich wie abscheulichen Gewerbe nachgehen. Daß es aufflog, war einem wirklich dummen Zufall zuzuschreiben: Bruder Eugenio alias Alexander Miller vergaß in dem vornehmen belgischen Seebad Knokke-le-Zoute für einen Augenblick, sich so zu benehmen, wie er sich kleidete: wie ein untadeliger Gentleman nämlich.

Am Abend des 30. August 1955 begann er jedenfalls in einer Tanzbar eine Schlägerei. Der Anlaß war nichtig: Er hatte sich von einem Partner beim Würfelspiel übervorteilt geglaubt.

Zu den beiden Kampfhähnen gesellte sich ein dritter. Carmelo Messina, der sich Carlo Moreno nannte, ließ sein Mädchen auf der Tanzfläche stehen und kam dem Bruder zu Hilfe.

Die Situation sah bedrohlich aus, und der Geschäftsführer rief die Polizei. Die nahm das Schlägertrio mit auf die Wache. Zwecks Feststellung der Personalien.

Der eine der drei Arretierten wies sich als Franzose aus und wurde sofort wieder auf freien Fuß gesetzt. Die Herren Miller und Moreno trugen aber geladene Waffen und gefälschte Pässe bei sich. Und deshalb wanderten sie in eine Zelle des Polizeigefängnisses.

Die belgische Polizei konnte die beiden Revolvermänner nicht identifizieren und schaltete Interpol ein. Die Antwort aus Paris ließ nicht lange auf sich warten. Als sie einging, wußten die belgischen Kriminalisten, daß sie einen großen Fang gemacht hatten. Die berüchtigten Brüder Messina.

Eugenio und Carmelo Messina gehörten einer Familie an, in der kriminelle Geschäfte mit dem Laster gewissermaßen zur Tradition gehörten. Vater Giuseppe stammte aus Sizilien, jenem wildromantischen europäischen Landstrich, dem viele großkalibrige Gangster entstammen.

Giuseppe ließ sich gegen Ende des vergangenen Jahrhunderts mit seiner Frau Virginia de Bono auf Malta nieder. Virginia blieb das einzige Familienmitglied, das nie mit den Gesetzen in Konflikt geriet. Ihre Söhne machten diesen Mangel mehr als wett.

Aus Malta wurden die Messinas bereits im Jahre 1902 ausgewiesen. Grund: gewerbsmäßige Kuppelei von skandalösem Ausmaß. Die Familie siedelte nach Ägypten über, wo sich der Vater und seine ältesten Söhne wieder dem gewohnten Metier widmeten. Sie vergrößerten dort ihr Unternehmen insofern, als sie dem Geschäft mit der käuflichen Liebe noch Rauschgifthandel und Waffenschmuggel angliederten.

1932 war es wieder einmal so weit. Vater Giuseppe und seine Sippe mußten nun auch die dritte Heimat verlassen. Diesmal tauchten sie in London unter, wo Giuseppe bald nach der Ankunft starb.

Auf ihrem Weg durch Länder und Jahrzehnte hatten die Messina-Söhne einen wahren Kometenschweif von Straftaten und Verurteilungen hinter sich hergezogen. Ihre Personalien lesen sich wie die Personenbeschreibungen eines Kriminalromans:

Salvatore Messina, geboren 1898 zu Hamrun auf Malta. Ändert 1947 seinen Namen mit behördlicher Genehmigung in Evan Arthur. Zahlreiche Vorstrafen in Ägypten, England, Frankreich und Belgien.

Alfredo Messina, 1901 in Hamrun geboren. Nannte sich auch (ohne behördliche Genehmigung) Alfred Martin. 1951 in London wegen Kuppelei und versuchter Beamtenbestechung verurteilt.

Eugenio Messina alias Edward Marshall, Eduardo Montez, Alexander Miller, Eugenio Debono, Gino. 1908 in Alexandrien, Ägypten, geboren. Vorstrafen wegen Beamtenbeleidigung, Körperverletzung, in zahlreiche Skandale verwickelt.

Attilio Messina alias Raymond Mynard, 1910 in Alexandrien geboren. Verurteilt wegen Kuppelei.

Carmelo Messina alias Charles Maitland, Carlo Moreno, auch genannt »Paul«. Er ist ebenfalls ein Kind Alexandriens, 1915 geboren. In London wegen Beamtenbeleidigung verurteilt.

Eine nette Familie, die Messinas, nicht wahr? Kein Apfel fiel weit vom Stamm. Dabei lassen die Vorstrafen das wahre Ausmaß der kriminellen Tätigkeit dieser Sippe nicht einmal erkennen. Die Londoner Polizei vermutete schon lange, daß es sich um ganz große Haie der Unterwelt handelte. Aber nie konnte man ihnen auf die Schliche kommen. Bis zum 30. August 1955.

Bei den verhafteten Brüdern Eugenio und Carmelo fand man Tresorschlüssel. Und in den Tresoren fand man die Geschäftspapiere des größten Lasterkonzerns Europas.

Die beiden, untersetzt, korpulent, schienen sich auf die Anklagebank verirrt zu haben. Sie trugen teure englische Maßanzüge und wirkten wie erfolgreiche, wohlsituierte Geschäftsleute. Die Sache kam nämlich vor Gericht im Juni 1956, in dem belgischen Städtchen Tournai.

Die äußere Erscheinung deckte sich mit den Angaben zur Person. Denn die Angeklagten erklärten, sie seien Kaufleute, die mit Diamanten und anderen Edelsteinen handelten.

Zwei Zeuginnen lobten die Brüder Messina in den höchsten Tönen. Die mandeläugige Anne-Marie Bruynel aus Brüssel und die kurvenreiche Marie-Jeanne David aus Lüttich gaben übereinstimmend zu Protokoll, Eugenio habe ihnen eine Stellung in einem führenden Londoner Modehaus vermitteln wollen. Sie hätten die beiden Herren als äußerst korrekte Gentlemen kennen und schätzen gelernt!

O diese ahnungslosen Engel! Nur dem sicheren Instinkt ihrer Mütter hatten sie es zu verdanken, daß sie das Abgründige, Abscheuliche in den Brüdern Messina nicht am eigenen Leib erfahren mußten. Im wahrsten Sinne des Wortes!

Weil ihre Mütter rechtzeitig Verdacht geschöpft hatten, machten Anne-Marie und Marie-Jeanne ihre Bekanntschaft mit der schäbigen Kehrseite der Messinas nur von der Zeugenbank aus.

Aber selbst dann mochten die Schönen aus Brüssel und Lüttich noch nicht glauben, daß ihre »korrekten Gentlemen« berüchtigte Mädchenhändler waren, die – laut Anklageschrift – über tausend junge Frauen entführt und zur Prostitution gezwungen hatten.

So stark wirkten die Messinas auf viele Frauen!

Das Geschäft mit der käuflichen Liebe war aber, wie wir schon wissen, ein traditionsreiches Unternehmen, mit Filialen in fast allen Kontinenten. Großvater, Vater und Söhne hatten sich dem abscheulichen Gewerbe zugewandt und sich von Generation zu Generation übertrumpft. Die fünf Messina-Brüder nannte man bereits »Barone«.

Aber so wenig adlig ihr Wesen, ihre Einkünfte waren fürstlich. Die britische Polizei schätzte sie auf (umgerechnet) zwei Millionen Mark im Jahr!

Das alles wußte man bei Interpol und den europäischen Polizeibehörden, und trotzdem war es – von einigen unbedeutenden Strafen wegen Kuppelei abgesehen – nie möglich gewesen, einen großen Schlag gegen die Lasterdynastie zu führen. Die Brüder Messina hatten ihr Unternehmen zu raffiniert organisiert.

Jetzt endlich hatte die Interpol Hoffnung schöpfen können.

Zwar konnten sich die Ermittlungen nur auf den »Geschäftsbereich« der Brüder Eugenio und Carmelo erstrecken, die sich auf den Mädchenhandel zwischen Westeuropa und den britischen Inseln spezialisiert hatten. Die ans Tageslicht geförderten Tatsachen waren jedoch erschütternd genug.

Die Aussagen von zweiunddreißig ermittelten Messina-Mädchen vermittelten ein düsteres Bild der Verkommenheit.

Anfang der dreißiger Jahre hatten die Messina-Brüder damit begonnen, in London den florierenden Markt der käuflichen Liebe unter ihre Kontrolle zu bringen. Ein blutiger Krieg zwischen den rivalisierenden Zuhälterbanden mit abenteuerlichen Namen wie »Malteser Sultana« oder »Saliba« oder »Vasallo« war die Folge. Als das Blutvergießen vorüber war, hatten die Messinas das Zepter fest in der Hand.

Bruder Eugenio widmete sein besonderes Augenmerk der Einrichtung »vornehmer« Etablissements. Und nicht nur dies: Er kümmerte sich auch persönlich um die Auswahl der Mädchen (fast alles auffallend hübsche Töchter aus gutbürgerlichen Familien) und – deren Entführung.

Auf seinen vielen »Geschäftsreisen« nach Belgien, Deutschland und Frankreich suchte er ihre Bekanntschaft und imponierte ihnen durch einen königlichen Lebenswandel. Wenn er sie zu einer Verabredung abholte, dann fuhr er nur in Cadillacs, Rolls-Royces oder Mercedes' vor. In Brüssel unterhielt er eine Zehn-

Zimmer-Luxuswohnung, wo er seine Auserwählten mit Sekt und Hummer traktierte.

Die einen machte er zu seinen Geliebten (mit Eheversprechen natürlich, und wer angelt sich nicht gern einen Millionär?). Anderen Schönheiten, die seinem hochkarätigen, aber immerhin öligen Charme nicht erlagen, bot er erstklassige Stellungen in London an, wie auch jener Anne-Marie Bruynel, die im Prozeß zu Tournai als Zeugin nur Gutes über ihn zu berichten wußte.

Die ersten Tage in England verlebten die künftigen Messina-Mädchen in Saus und Braus. Derartig hochgestimmt, wurden sie nicht argwöhnisch, wenn ihnen Messina etwas von den Vorteilen vorflunkerte, die man gewinnt, wenn man Besitzer eines englischen Passes ist.

Wie sollten sie das wertvolle Papier in ihre Hände bekommen? Durch Scheinehen, die Gönner Messina organisierte. Heruntergekommene Strolche, die sich gern einen Batzen ohne Arbeit verdienten, kannte er genug. Sie führten Frauen zum Standesamt und verließen sie nach der Trauung.

Der englische Paß war jedoch für Messina selbst wichtiger als für die Mädchen. Er garantierte ihm, daß die Frauen, waren sie erst einmal in die Prostitution getrieben, nicht mehr ausgewiesen werden konnten. Sie würden die obligatorische Geldstrafe zahlen und weiterhin seinem lasterhaften Unternehmen dienen müssen.

Messina scheute nicht vor Erpressung zurück, um die Frauen gefügig zu machen. Erst einmal nahm er ihnen – klassischer Trick aller Mädchenhändler – ihre Pässe ab. Reichte das nicht aus, verlangte er seine »Auslagen« zurück.

Die Mädchen mußten Wechsel querschreiben – man fand sie in seinen Tresoren –, die sie nie hätten einlösen können. Von nun an gab es für sie nur noch eine Alternative: in Messinas »Privatklubs« geldschweren Männern ihre Gunst zu verkaufen oder als Wechselbetrügerinnen vor den Kadi geladen zu werden.

Hatten sich die Frauen erst einmal in ihr Geschick ergeben, wurden sie zwar in Samt und Seide gekleidet, aber einer strengen Disziplin unterworfen. Messina wachte mit Argusaugen darüber, daß die Kasse stimmte.

Und wehe der, die etwa auf den Gedanken kam, doch noch abtrünnig zu werden. In den Kreisen der Messina-Mädchen munkelte man ängstlich von geheimnisvollen, nie aufgeklärten Morden. Man wußte auch von Leidensgenossinnen, die mit brutalen Fäusten Bekanntschaft gemacht hatten und mit Rasiermessern, die selbst das schönste Gesicht für immer entstellten.

Interpol stieß nur auf eine Frau, der es gelungen war, dem Laster-Imperium zu entfliehen. Sie heißt Elisabeth Demeester und stammt aus Lüttich. Messina hatte ihr die Ehe versprochen. »Hochzeit« mußte sie dann mit vielen anderen Männern machen.

Ein Glück, daß sich Elisabeth während der Voruntersuchung gegen die Messina-Brüder gemeldet hatte. Denn ohne ihre glaubwürdigen, belastenden Aussagen wäre der Prozeß geplatzt, noch ehe er begonnen.

Die zweiunddreißig Messina-Mädchen, die Scotland Yard über Interpol ermitteln konnte, weigerten sich nämlich plötzlich, nach Tournai zu kommen, obwohl man ihnen polizeilichen Schutz zugesagt hatte. Außerdem widerriefen sie ihre Aussagen gegen die Messinas, Wort für Wort.

Die Angst vor der Rache der rücksichtslosen Brüder war tatsächlich so groß, daß nicht einmal die Mütter der entführten Mädchen der gerichtlichen Vorladung Folge leisteten. Eugenio Messinas zynischer Kommentar: »Man fürchtet mich mehr als die Polizei.«

Nur die Mutter der Anne-Marie Bruynel aus Brüssel fürchtete sich nicht vor Eugenio Messina. Als ihr Anne-Marie eines Tages erklärte, ein sehr wohlhabender Gentleman habe ihr eine Stellung in London angeboten, beschloß sie, den gönnerhaften Herrn selbst unter die Lupe zu nehmen. Nach ihrem Gespräch mit Messina warnte sie: »Lassen Sie die Hände von meiner Tochter. In meinen Augen sind Sie ein Mädchenhändler.«

Doch schwerer als der Verdacht der Mutter Bruynel wogen in dem Prozeß zu Tournai die Aussagen der Elisabeth Demeester und die Unterlagen, die von belgischen, britischen und französischen Kriminalisten in Zusammenarbeit mit Interpol sichergestellt worden waren. Das alles reichte immerhin aus, um Eugenio Messina für sieben Jahre hinter Gitter zu bringen.

Sein Bruder freilich kam fast ungeschoren davon. Man konnte seine Beteiligung an Eugenios Lastergeschäften nur stark vermuten, aber nicht beweisen. Urteil? Zehn Monate Gefängnis wegen verbotenen Waffentragens und Paßfälscherei.

Die letzten Nachrichten über die Messina-Brüder: Eugenio wurde von Belgien inzwischen an die britische Justiz ausgeliefert, er sitzt in einem Londoner Gefängnis. Bruder Carmelo wurde aus England ausgewiesen und ins heimatliche Sizilien deportiert. Dort wird bald Attilio zu ihm stoßen, wenn er seine vier Jahre wegen gewerbsmäßiger Kuppelei abgesessen hat. Salvatore Messina soll auf dem europäischen Kontinent untergetaucht sein.

Es sieht so aus, als sei es der internationalen Polizei nun doch gelungen, das Imperium der Lasterbarone Messina zu zerschlagen. Der Kampf gegen den Mädchenhandel aber geht weiter.

Mord und Bigamie

Einen modern organisierten Mädchenhändlerring zu sprengen gehört zu den mühseligsten Aufgaben der Interpol. Oft ziehen sich die Nachforschungen über Jahre dahin; in geduldiger Kleinarbeit müssen die Steinchen des makabren Mosaiks zusammengetragen werden. Die Täter, auf die die Jagd eröffnet werden soll, werden häufig erst zu einem späten Zeitpunkt der Ermittlungen bekannt.

Dieses Duell im Dunkeln zwischen Interpol und Mädchenhändlern ist meist nicht ohne Dramatik – die wirklich aufregenden Interpol-Fahndungen spielen sich jedoch in einem anderen Aufgabenbereich der internationalen Polizei ab: bei der Verfolgung flüchtiger Schwerverbrecher. Da surren die Telefondrähte, da hämmern die Morseticker, da herrscht Halali-Atmosphäre, und es kommt oft auf Sekunden an.

Der flüchtige Verbrecher schlägt viele Haken, um dem weitgespannten Netz der grauen Spinne zu entkommen. In der Regel bleibt er dann doch auf der Strecke, spätestens nach etwa drei Jahren. Manchmal dauert es länger, aber das bedeutet für den Gesuchten keinen Gewinn.

Es ist fürchterlich, von Interpol verfolgt zu werden.

Wer von der Interpol gesucht wird, der hat fast alle Polizeiorganisationen der Welt gegen sich. Rund neunzig Staaten arbeiten mit Interpol zusammen – abseits stehen heute vor allem noch die kommunistischen Länder, mit Ausnahme von Jugoslawien.

Wohin sich der Gejagte auch wendet, sein Steckbrief ist vor ihm da. Das IP-Hauptquartier in Paris funkt ihn über seinen eigenen Sender Pomponne an alle nationalen Zentralbüros. Die geben die Personalien des Gesuchten an die Dienststellen der Länder und Gemeinden weiter. Die graue Spinne spannt ihr weltweites, engmaschiges Netz.

Und nun ist der flüchtige Verbrecher nirgendwo mehr vor dem Zugriff der Polizei sicher, in der Großstadt nicht und nicht im kleinsten Dorf, weder in Europa noch in Übersee. Er darf um keinen Preis mehr auffallen, er muß um jeden Polizisten einen Bogen machen. Er ist ein Gehetzter.

Kein Mensch weiß das besser als Manfred Lentner. Ihm galt die längste und erregendste Jagd. Sie dauerte sechs Jahre. Lentner schlug der Polizei ein Schnippchen nach dem anderen; er wurde verhaftet und brach aus, er flüchtete durch ganz Europa. Und konnte seinen Richtern schließlich doch nicht entgehen.

Ende 1945 führte ein gewisser Heinz Wöber die Kriegerwitwe Erika V. im sächsischen Bezirk Kamenz zum Standesamt. Es ist nicht bekannt, ob Erika damals eine glückliche Braut war. Sicher war jedoch schon zu diesem Zeitpunkt, daß sie wenig Grund hatte, sich glücklich zu schätzen.

Denn der Mann, dem sie eine treusorgende Frau sein wollte (»bis daß der Tod euch scheidet«), hatte ihr einige nicht unwesentliche Dinge verschwiegen. Zum Beispiel, daß er gar nicht Heinz Wöber, sondern Manfred Lentner hieß. Schlimmer noch, daß er am Tag der Trauung bereits verheiratet war. Noch schlimmer: Er war ein Mörder.

Im Jahre 1950 heiratete ein Franz Haindlmauer im Salzburgischen die geschiedene Frau Inge B. Auch dieser Ehe konnte man keine guten Prognosen stellen. Inge B.s zweiter Mann war nämlich kein anderer als Manfred Lentner.

Lentner war nun mit drei Frauen gleichzeitig verheiratet. Das störte ihn wenig. Was ihn viel mehr beunruhigte, war dies: Er wurde von zwei Staatsanwaltschaften und von Interpol gesucht. Und er wußte es ...

Zu einer vierten Eheschließung – geplant für den Sommer 1950 – kam es nicht mehr, obwohl Lentner, der sich inzwischen Alois Praxmarer nannte, bereits einige Wochen im Haus der Eltern seiner Braut in Neapel gewohnt hatte. Lentner mußte seine neapolitanische Schönheit Rita ohne Trauring sitzen lassen, weil ihm nun Interpol dicht auf den Fersen war.

Die dreieinhalb Nachkriegsehen des Manfred Lentner bezeichnen die Stationen einer Flucht ohnegleichen.

Als Manfred Lentner, damals zweiundzwanzig Jahre alt, die Kriegerwitwe Erika V. ehelichte, war seine bestialische Tat noch nicht ruchbar geworden. Er hatte nur einen Mitwisser, den Kriegskameraden und Komplicen Walter Rampfel, der vier Jahre älter war als Lentner.

Kein Mensch vermutete, daß die beiden Mordbuben waren. Denn niemand hatte die dumpfen Schläge und schaurigen Schreie im Berliner Grunewald gehört – am Abend des 3. Oktober 1945. Man hatte noch nicht einmal die Leiche gefunden, als sich Lentner und Rampfel nach Sachsen absetzten.

Daß den beiden trotzdem der Boden des zerbombten Berlin zu heiß geworden war, das war einer kleinen Zeitungsmeldung zuzuschreiben gewesen. Sie trug die Überschrift: »Eine Prostituierte verschwindet, ohne eine Spur zu hinterlassen.«

Die Meldung entstammte dem Polizeibericht. Auf dem Berliner Polizeipräsidium war nämlich die Lebedame Lisbeth Hobeck als vermißt gemeldet worden.

Die polizeilichen Nachforschungen verliefen im Sand. Nachbarn der Hobeck berichteten, das Mädchen Lisbeth habe sich mit ihrer gesamten Habe nach Westdeutschland absetzen wollen. Mehr wußten sie nicht, denn Lisbeth sei am frühen Morgen, noch bei Dunkelheit, ausgezogen.

Na wenn schon. Man schrieb das Jahr 1945. Deutschland lag am Boden. Ein funktionierender Polizeiapparat mußte erst wieder aufgebaut werden. Da hatte man andere Sorgen, als nach einem leichten Mädchen zu fahnden, dem es höchstwahrscheinlich in Berlin nicht mehr gefiel. Wem konnte es überhaupt im Berlin jener Jahre gefallen!?

Die milde Märzsonne des Jahres 1946 brachte es schließlich an den Tag: Unter der aufgetauten Schneedecke fand man in einem Schützenloch die Leiche einer Frau. Sie war ermordet worden. Offenbar durch Schläge mit einem schweren Eisen auf den Kopf. Vermutliche Tatzeit: Monate vor dem Fund.

Es waren die Überreste der Lisbeth Hobeck.

Die Mordkommission übernahm den Fall, und ihre Beamten ermittelten hartnäckiger als die Kollegen vom Vermißtendezernat. Jetzt erinnerten sich die Nachbarn der Elisabeth Hobeck plötzlich, daß die junge Frau in der Zeit vor ihrem Verschwinden mit einem Mann zusammengelebt hatte, einem Kriegsheimkehrer.

Eine Doris H. konnte die Angaben präzisieren. Im September habe sie ein alter Bekannter, Manfred Lentner, besucht. Lentner, aus dem sowjetischen Gefangenenlager Sagan entlassen, sei nach Berlin gekommen, um nach seiner Frau zu suchen. Da Frau Lentner nicht aufzufinden gewesen sei, habe sie – Doris H. – dem armen Kerl Unterschlupf angeboten.

»Dieser Manfred Lentner ist dann später zu Fräulein Hobeck umgezogen?« wollte der Kriminalbeamte wissen.

»Nein«, kam es prompt zurück, »das war Walter Rampfel, ein Kriegskamerad von Fred. Die beiden waren unzertrennlich, aber für zwei Männer bot meine kleine Wohnung nicht genügend Platz. Ich fragte deshalb meine Freundin Lisbeth, ob sie Rampfel bei sich aufnehmen wollte, nur vorübergehend natürlich.«

»Und Fräulein Hobeck nahm den ihr wildfremden Mann bei sich auf?« wunderte sich der Kripomann.

Doris lächelte verschämt. »Sie wissen ja, wie das damals war. Es war doch ohnehin alles aus den Fugen.«

»Na, schön, das soll uns jetzt nicht beschäftigen. Hier geht es nicht um Moral, hier geht es um einen Mord. Wie lange wohnte Rampfel bei Elisabeth Hobeck?«

»Wohl bis zu dem Tag, an dem sie verschwand. Die Elisabeth hatte sich nämlich in Rampfel richtig verliebt. Wie ein junges Mädchen.«

Doris öffnete ihre abgegriffene Handtasche und nestelte eine zerdrückte »Ami«-Zigarette heraus. »Ob Sie es glauben oder nicht, Lisbeth gab Rampfel zuliebe sogar ihre Freier auf. ›Mein kleiner Dicker‹ nannte sie ihn. Die beiden wollten übrigens heiraten.«

»Ach, wirklich?«

»Ja, Elisabeth erzählte es mir. Rampfel habe ihr vorgeschlagen, ihren ganzen Krempel zu verkaufen und mit ihm nach Westdeutschland zu gehen. In die Nähe von Hamburg, glaube ich, hat sie gesagt.«

»Nach Westdeutschland ist sie ja nun offensichtlich nicht gekommen. Aber Rampfel, haben Sie eine Ahnung, wo der stekken könnte?«

Doris machte einen tiefen Zug an ihrer Zigarette und überlegte angestrengt. »Ich weiß nicht ... Rampfel stammte wohl aus dem Sudetenland, dorthin kann er ja nicht zurück. Aber Moment, er sprach einmal von seiner Mutter, die soll irgendwo in Sachsen wohnen – Kamenz oder so ähnlich.«

Der Beamte erhob sich hinter seinem altersschwachen Schreibtisch. »Vielleicht hilft uns das weiter, aber zum Donnerwetter, warum sind Sie mit Ihrem Wissen nicht früher zu uns gekommen?«

Doris machte eine hilflose Geste: »Wer denkt denn gleich an Mord, Herr Kommissar? Ehrlich, dem Rampfel hätte ich das gar nicht zugetraut. Lentner, ja vor dem konnte man schon manchmal Angst bekommen. Aber Rampfel? Nein!«

»Eine letzte Frage noch, dann können Sie gehen: Wohnt Lentner noch bei Ihnen?«

»Schon lange nicht mehr. Er hat sich eine Freundin gesucht. Aber die hat er auch sitzen lassen. Weiß der Teufel, wo der Kerl jetzt lebt.«

Die Ehe der Erika V. mit Manfred Lentner, der sich jetzt Heinz Wöber nannte, wurde nicht glücklich. Ein gutes Vierteljahr nach der Hochzeit war Erika wieder allein. Ihr erster Mann war gefallen, ihr zweiter geflohen. Und zwar an jenem Tag, als Walter Rampfel, der in der Nähe bei Mutter und Schwester wohnte, verhaftet wurde. Im März 1946.

Während Manfred Lentner dem heimatlichen Österreich entgegenstrebte, wurde Rampfel in der »Grünen Minna« nach Berlin verfrachtet.

Kurz nach seiner Einlieferung ins Gefängnis übergab Rampfel seinem Verteidiger ein Testament. Er hatte es nicht zu früh geschrieben.

Zwar versuchte Rampfel im Verlauf seines Prozesses – im Februar 1947 –, den Mord an Lisbeth Hobeck als einen unglücklicherweise passierten Totschlag darzustellen. Lentner und er hätten Lisbeth wohl berauben, aber nicht töten wollen. Aber offenbar – und er bereue es zutiefst – seien die Betäubungsschläge zu heftig gewesen.

Der Staatsanwalt in dem großen Schwurgerichtssaal zu Moabit jedoch hielt das für eine verständliche, aber faule Ausrede. Als er sein vernichtendes Plädoyer begann, duckte sich Rampfel unwillkürlich. Eine panische Angst befiel ihn; sollte ihn das Gericht wirklich als Mörder verurteilen, dann würde er unter dem Fallbeil enden. (Die Todesstrafe wurde in der

Bundesrepublik erst 1949 durch das Grundgesetz, in Berlin 1951 durch Gesetz abgeschafft.)

Im Schwurgerichtssaal zu Moabit rollte das grausige Geschehen vom 3. Oktober 1945 noch einmal vor den Augen des Publikums ab. Der letzte Tag im Leben einer Lebedame, die darauf hoffte, ehrbare Ehefrau zu werden ...

Es war kühl an jenem Morgen, aber Lisbeth Hobeck fror nicht. Erregung hielt sie warm. Dies war ihr großer Tag, an dem sich ihr Leben radikal ändern sollte. Noch ein paar Stunden, und sie würde mit Walter nach Westdeutschland fahren. Fred wollte gleich mitkommen, als Trauzeuge. »Wirklich nett von ihm«, dachte Lisbeth, »aber die beiden sind ja dick befreundet.«

Lisbeth stand vor dem Eingang des Bahnhofs Wannsee. Es war noch dämmrig. Sie blickte auf die Uhr. Sieben. Manfred und Walter mußten bald wiederkommen. Sie wollten nur das Gepäck aufgeben; ihr Mobiliar hatte sie verkauft, weil Walter meinte, man solle das neue Leben auch mit neuen Möbeln beginnen. Den Erlös und ihre Ersparnisse trug sie in der Handtasche.

»Eigentlich leichtsinnig, so viel Geld mit sich herumzuschleppen«, ging es ihr durch den Kopf. Aber da kamen ja ihre beiden Beschützer zurück. Walter Rampfel und Manfred Lentner.

Sie hörte Walter schon von weitem fluchen: »Da haben wir eine schöne Dummheit gemacht, Liebes, der nächste Zug geht erst heute abend.«

Das war in der Tat eine ärgerliche Überraschung. »Was sollen wir denn den ganzen Tag machen?« fragte Lisbeth kläglich.

»Gehen wir doch in deine Wohnung«, schlug Walter vor.

»Aber du weißt genauso gut wie ich, daß ich die heute aufgegeben habe. Und außerdem steht sie leer.«

»Nun streitet euch bloß nicht«, mischte sich Lentner ein. »Wenn erst einmal die Sonne herauskommt, wird das ein wunderbarer Tag. Macht doch zum Abschied von Berlin einen Spaziergang durch den Grunewald. Ich bin jedenfalls mit von der Partie.«

Es wurde ein herrlicher Tag, und Lisbeth genoß ihn. Das kärgliche Mittagessen im Restaurant schmeckte ihr wie ein opulentes Diner, und beim Kaffee am Nachmittag strahlte sie: »Fred, das war wirklich eine gute Idee, oh, warum muß dieser schöne Tag schon zu Ende gehen?«

Als es zu dunkeln begann, machten sie sich auf den Weg zum Bahnhof, wie Lisbeth glaubte. Sie glaubte auch, daß Walter und Manfred die Fahrkarten bereits in der Tasche trügen.

Die beiden hatten keine Fahrkarten, denn für die Reise, auf die sie Lisbeth schicken wollten, brauchte man kein Billett.

An Stelle der Fahrkarten hatte sich Manfred ein schweres Winkeleisen eingesteckt. An einem abgelegenen Waldstück schlug er es Lisbeth Hobeck über den Kopf.

Lisbeth schrie auf. Rampfel stürzte sich auf sie und hielt ihr den Mund zu. Dann schlug Lentner noch einmal zu, und noch einmal. Bis Lisbeth Hobeck tot war.

Nach der Tat holten die beiden das Gepäck wieder am Bahnhof ab. Sie wußten, wohin sie zu gehen hatten. Zu ihren neuen Freundinnen. Gertrud und Lilo hießen die beiden Damen. Das illegitime Idyll platzte drei Wochen später, als Lisbeth Hobeck in der Presse als vermißt gemeldet wurde.

Und das alles sollte – wie Walter Rampfel vor Gericht beteuerte – ein unglückseliger Unfall gewesen sein?

»Nein, meine Herren«, plädierte der Staatsanwalt, »wer gegen einen Menschen derartig wuchtige Schläge führt, der will den Tod seines Opfers, der will nicht nur betäuben. Der Angeklagte hatte zwei Gründe, den Tod von Lisbeth Hobeck zu wünschen: Er wollte sich ihrer entledigen, denn ihre Liebe war ihm lästig geworden, und er wollte ihr Geld, das sie bei sich trug und das sie durch den Verkauf ihrer Wohnung erworben hatte . . . Welches Motiv Lentner bewegte, ist nicht klar ersichtlich«, fuhr der Staatsanwalt fort, »es sei denn, die Männer hätten vorher beschlossen, sich die Beute zu teilen. Die Tat ist um so verwerflicher, als der Angeklagte wochenlang auf Kosten des Opfers gelebt hat und Lisbeth Hobeck bis zum Schluß glauben ließ, daß er sie heiraten werde.«

Die Zuhörer hielten den Atem an, als der Staatsanwalt am 20. Februar 1947 seinen Strafantrag stellte: Tod durch das Fallbeil. Denn: »Der Angeklagte hat so verwerflich gehandelt, daß ihm keine mildernden Umstände eingeräumt werden können.«

Das Gericht folgte dem Antrag des Staatsanwalts. »Tod durch das Fallbeil!« So lautete sein Spruch. Walter Rampfel hörte das Urteil, und sein Gesicht wurde aschfahl. Seine Hände krampften sich um die Anklagebank. Er sollte also sterben.

Aber was würde mit seinem Freund und Komplicen Manfred Lentner geschehen? Würde der straffrei ausgehen? Wo steckte Lentner eigentlich?

Manfred Lentner, von der Staatsanwaltschaft Moabit wegen Mordes gesucht, war nach seiner Flucht aus Sachsen – im März 1946 – zunächst in Wien untergetaucht. Er konnte nicht Fuß fassen, aber immerhin erfuhr er, daß seine Schwester Ilse in einem Dorf an der tschechischen Grenze als Volksschullehrerin tätig war. In Schwarzenau.

Dort ging er hin, und in der Abgeschiedenheit des Grenzdörfchens fühlte er sich so sicher, daß er seinen sächsischen Decknamen Heinz Wöber aufgab und den richtigen Familiennamen annahm: Manfred Lentner.

Lentner fand in dem vergessenen Dorf an der Grenze eine Stelle als Kraftfahrer in einem Sägewerk. Kein besonders einträglicher Job und auch langweilig – aber eine Tätigkeit in Freiheit.

Der Sommer 1946 kam und der Herbst. Über ein Jahr war es nun her, daß er im Grunewald einen Menschen getötet hatte. Sein Komplice Rampfel saß im fernen Berlin in Untersuchungshaft und wartete auf seinen Prozeß.

Aber Manfred Lentner war frei.

An einem Novembernachmittag fuhr er mit dem Lastwagen des Sägewerks ins Tal. Der erste Schnee war gefallen, und die Straßen waren matschig und glatt.

Lentner mußte höllisch aufpassen, und so bemerkte er die beiden Gendarmen nicht, die ihre Fahrräder durch den Schneematsch die Straße nach Schwarzenau hochschoben.

Zwei Stunden später – Lentner hatte die Ladung Bretter an ihren Bestimmungsort gebracht – holperte der Lastwagen wieder in den Hof des Sägewerks. Vergnügt pfeifend stieg Lentner aus und ging eilenden Fußes ins Betriebsbüro, um sich die klammen Finger aufzuwärmen.

Im Büro erwarteten ihn die beiden Gendarmen.

»Sind Sie Manfred Lentner?«

Lentner antwortete nicht.

»Natürlich ist er es«, knurrte der Buchhalter.

Im gleichen Augenblick schnappten die Handfesseln um seine Gelenke.

»Was soll der Unsinn«, begehrte Lentner auf.

»Nur ruhig Blut«, sagte ein Gendarm. »Wir wissen es auch nicht genau. Eine Mordsache soll es sein. Aber das wird Ihnen der Untersuchungsrichter auseinandersetzen.«

Ein dünner, warmer Sonnenstrahl verirrte sich durch die eisernen Gitter in die Zelle des Mörders Manfred Lentner und traf den Häftling ins Gesicht. Lentner blinzelte und wälzte sich auf seiner harten Pritsche herum. Gedankenverloren beobachtete er den Tanz der Staubteilchen im Sonnenlicht, und er geriet ins Träumen.

Sonne . . . Freiheit . . . Frauen.

»Wenn alles klappt«, flüsterte er seinem Knastkollegen Anton Lechlach zu, »sind wir bis zum Frühlingsanfang draußen.«

»Wird auch höchste Zeit«, knurrte Lechlach, »vor allem für dich, mein Junge.«

In diesem Augenblick hörten sie die Schritte auf dem Korridor. Es waren die schweren, schleppenden Schritte des Wärters. Schlüssel klirrten.

Lentner schreckte hoch. Würden sie ihn doch noch holen, bevor er seinen Plan ausführen konnte? Würde er den Wettlauf mit der Zeit – mit dem Tod – zuletzt verlieren?

Man schrieb den März 1947. Fast fünf Monate saß er also im Kreisgefängnis von Korneuburg in Niederösterreich. Die erste Zeit war er guten Mutes gewesen.

»Ich weiß gar nicht, was Sie von mir wollen«, trumpfte er vom ersten Tag an beim Untersuchungsrichter auf. »Sie sprechen immer von Mord, aber ich habe keinen Mord begangen.«

»Sie waren mit Walter Rampfel zusammen in Kriegsgefangenschaft – im russischen Lager Sagan, wie ich hörte –, und Sie kamen mit ihm nach Berlin. Ist das richtig?«

»Jawohl, Herr Rat«, antwortete Lentner, »ich hoffte, dort meine Frau wiederzufinden. Umsonst: Das Haus war zerbombt und von meiner Frau keine Spur. Ich habe dann noch ein paar Monate in Berlin und in Sachsen gewohnt und ging, weil ich gebürtiger Österreicher bin, schließlich zu meiner Schwester nach Schwarzenau. Rampfel ist in Berlin geblieben. Wenn er dort einen Mord begangen hat, ist das seine Sache.«

So sprach Manfred Lentner, und er blieb dabei. Die Zeitumstände begünstigten ihn und seine dreisten Lügen. Deutschland und Österreich waren in vier Besatzungszonen geteilt; das erschwerte die polizeilichen Ermittlungen und machte den Dienstverkehr der Justizbehörden untereinander zu einer höchst komplizierten und langwierigen Angelegenheit.

Die Auskünfte, die von der Staatsanwaltschaft Berlin nach Korneuburg gelangten, waren spärlich und reichten nicht aus, um einen so schwerwiegenden Akt wie die Auslieferung eines österreichischen Bürgers zu rechtfertigen.

Das Gericht beschloß zu warten. Lentner blieb in Haft. Aber seltsam, je länger sich die Sache hinzog, desto zuversichtlicher wurde der Mörder. Als er gar hörte – es war Ende Februar 1947 –, daß Rampfel in Berlin zum Tode verurteilt worden sei, fiel ihm ein Stein vom Herzen. Das Berliner Urteil konnte doch nur bedeuten: Der Fall war abgeschlossen. Jetzt würde man ihn schleunigst entlassen müssen.

Die Gefängnistore öffneten sich jedoch nicht für Manfred Lentner. Das machte ihn nervös. Wie, wenn Berlin noch immer auf seiner Auslieferung bestünde? Mit jedem Tag, den er vergeblich auf seine Entlassung hoffte, wuchs in Lentner die Gewißheit, daß man auch ihm in Berlin den Prozeß machen wollte.

Der Gedanke versetzte ihn in Panikstimmung, und das war nicht verwunderlich, denn nun konnte er sich deutlich ausmalen, was ihm bevorstand: der Tod durch das Fallbeil!

Seit Lentner wußte, daß seine Auslieferung nur eine Frage der Zeit sein konnte, wurde er – der eiskalte Killer – auf einmal schreckhaft.

Er fürchtete die schleppenden Schritte des Wärters auf dem Flur. Fürchtete das Klirren der Schlüssel. Zuckte jedesmal zusammen, wenn sich die alte Zellentür quietschend in ihren Angeln drehte.

Wie jetzt.

In der Tür stand der Wärter. Mißtrauisch blickte er die beiden Untersuchungshäftlinge an, den Anton Lechlach, der des Diebstahls bezichtigt wurde, und den Manfred Lentner. In der linken Hand hielt er ein schmales Päckchen. »Für Sie, Lentner, von Ihrer Schwester«, murmelte er.

Der Anblick des Päckchens in grauem Karton weckte in Lentner eine irrsinnige Hoffnung. Hatte Ilse, seine Schwester, tatsächlich gespurt? Kaum hatte der Wärter die Tür wieder verschlossen, öffnete Lentner das Päckchen. Seine Hände zitterten.

»Mensch, reiß dich zusammen«, flüsterte Zellengenosse Lechlach, »der Alte steht bestimmt noch vor der Tür und beobachtet uns durch den Spion.«

Das Päckchen enthielt nicht viel. Nur einen Königsfladen, ein stark gekümmeltes Gebäck aus Brotteig.

»Keine Angst, Anton«, sagte Lentner so laut, daß es ein etwaiger Horcher an der Tür hören konnte, »du bekommst dein Teil davon ab. Aber vor heute abend breche ich den Fladen nicht an. Du weißt doch, die Vorfreude . . .«

Ungeduldig warteten die beiden, daß die Nacht käme und die Lampen ausgeschaltet würden. Kaum war das matte Licht der schwachen Birne verlöscht, biß Lentner in den Königsfladen. Er tat es vorsichtig, und er fand, was er erhofft hatte: einen zwanzig Meter langen Seidenfaden.

Zwei Tage danach wurde Lentner in die Besucherzelle geholt. Seine Schwester kam ihm freudestrahlend entgegen. »Wie ich mich freue, Fred, daß ich dich wieder einmal sehen darf. Hat dir der Königsfladen geschmeckt?«

»Und ob«, sagte Lentner und grinste.

Sie wechselten ein paar Belanglosigkeiten, und mehr konnten sie nicht tun, denn der Aufseher wich nicht von ihrer Seite. Er schaute mehrmals mürrisch auf die Uhr – eine unmißverständliche Mahnung, daß die Zeit kurz bemessen sei.

Ilse erhob sich von dem primitiven Stuhl. »Kopf hoch, Fred. Es kann ja nicht mehr lange dauern, bis du wieder frei bist. Dann kann ich dir auch meinen Freund vorstellen. Hab' ihn vorige Woche kennengelernt. Er wird dir gefallen, hoffe ich. Ach, gut, daß wir davon sprechen. Beinahe hätte ich vergessen, daß ich heute abend mit ihm verabredet bin. Um zehn.«

Sie blickte ihm fest in die Augen, und Manfred Lentner war es, als habe er ein leichtes Zwinkern bemerkt. »Es ist schon ein bißchen spät«, sagte Ilse, »aber eher kann Erich leider nicht. Heute abend um zehn.«

Jetzt war es Manfred Lentner klar. »Heute abend um zehn« – das war das Stichwort.

»Ein tolles Mädchen, diese Ilse«, dachte Lentner, »hätte ich ihr gar nicht zugetraut.« Offenbar hatte sie seinen Plan sofort verstanden, als er ihr – beim letzten Besuch – in einem günstigen Augenblick zugeflüstert hatte, er brauche einen langen Bindfaden.

Hatte sie ihn wirklich verstanden? Nun, heute abend um zehn würde es sich herausstellen.

Kurz vor zehn Uhr machten sich Lentner und Lechlach ans Werk. Sie rückten den Schemel unters Fenster. Draußen war es stockdunkel. Lentner stieg auf den Hocker und öffnete vorsichtig das Fenster. Lechlach reichte ihm einen Löffel.

Lentner horchte in die Stille. Dann begann er, mit dem Löffel die metallene Sichtblende wegzubiegen. Ein Auto fuhr vorbei. Für Sekunden sah Lentner die Straße, die sich unterhalb des Zellenfensters entlangzog.

Der Löffel bog sich durch. Lentner versuchte es noch einmal, und jetzt, endlich, gab die Sichtblende nach. Ein schmaler Spalt, aber er würde für ihr Vorhaben genügen.

Aufatmend stieg Lentner vom Schemel. Jetzt hieß es warten. Bis zehn. Lentner und Lechlach legten sich auf ihre Pritschen.

Da, das Glöckchen der nahen Kirche. Beim zehnten Schlag sprang Lentner wie elektrisiert auf. Stieg auf den Schemel und ließ den Faden in die Tiefe, auf die Straße gleiten.

Nichts geschah, nichts rührte sich. Eine Minute verging und noch eine. Träge floß die Zeit dahin.

Lentner hörte Schritte auf der Straße. Sie klangen hohl, kamen näher und entfernten sich. »Verdammt«, es lief ihm kalt über den Rücken, »sollte Ilse doch nicht kapiert haben?«

Das Warten wurde unerträglich. Lechlach stieß Lentner an. »Los, zieh den Faden ein. Das geht sonst noch schief«, flüsterte er heiser. In diesem Moment spürte Lentner, wie der Faden sich straffte.

Langsam erst, dann immer schneller zog er ihn hoch. Er hätte Hurra schreien mögen. Am Ende des Fadens hing eine Metallsäge.

Die folgenden Tage verlebten Lentner und Lechlach unter Hochspannung. Vor allem Lentner, dem die Auslieferung nach Berlin und die Todesstrafe drohten, konnte keine Ruhe mehr finden. Nachts stiegen sie abwechselnd auf den Hocker und sägten die Eisenstäbe des Gitters an.

Sägen in der Nacht!

Es war ein verzweifeltes Unterfangen. Jeder Ratsch klang in ihren Ohren wie eine Detonation. Hatte sie jemand gehört? Mußten sie nicht alle hören?

So ging es eine Woche lang. Nachts sägten sie die Eisenstäbe durch, und am Morgen setzten sie die verhaßten Gitter, so gut es ging, wieder ein. Der Wächter merkte nichts.

Am Morgen des 22. März 1947 fielen sich die beiden Häftlinge um den Hals. Es war geschafft.

An diesem 22. März war Lentner ein Nervenbündel. Mehr

als ein Monat war vergangen, seit man seinen Mordkomplicen Rampfel in Berlin zum Tode verurteilt hatte. Jeden Augenblick konnte der Wärter kommen, um ihn zum Untersuchungsrichter zu führen, der ihm kurz und lakonisch mitteilen würde, daß dem Auslieferungsbegehren der Berliner Staatsanwaltschaft stattgegeben werden müsse.

Jeden Augenblick konnte das Verhängnis nahen, und dabei war der Weg in die Freiheit offen. In vierzehn Stunden würde man ihn gehen können.

Vierzehn Stunden. Sie erschienen Lentner wie eine Ewigkeit.

Der Tag war trübe. Es regnete, und zwischendurch prasselten Hagelschauer hernieder. Lentner und Lechlach frohlockten. Besseres Wetter konnten sie sich in der Tat nicht wünschen.

Der Abend kam. Der Wärter brachte ihnen den Einheitsfraß. Aber selbst wenn es Hummer, Lachs oder frischer Bärenschinken gewesen wäre – sie hätten ihn nicht mit Appetit essen können. Sie würgten das Essen hinunter, denn sie durften nicht auffallen.

Endlich die Nacht! Lentner und Lechlach räumten die Gitterstäbe auf ihre Pritsche, drückten die Sichtblende weit vor und zwängten sich durch die Öffnung. Am Fenstersims hangelten sie sich ein paar Meter weiter. Bis zum Blitzableiter. Dann ließen sie sich hinab in die finstere Straßenschlucht, die sie verschluckte.

Zwei Tage nach Lentners Ausbruch trafen die Akten aus Berlin in Korneuburg ein. Sie bewiesen, daß er ein Mörder war.

Von einem Rechtsanwalt erwartet man, daß er seinen verurteilten Mandanten wenigstens Trost zuspricht. Anwalt Wesemann, der den Walter Rampfel im Mordprozeß Hobeck erfolglos verteidigt hatte, entsprach diesen Erwartungen.

Jedesmal, wenn er zu Rampfel in die Todeszelle kam, sagte er aufmunternd: »Wir dürfen die Hoffnung nicht verlieren. Bald werden sie den Lentner schnappen. Dann gibt es ein neues Verfahren, und ich werde Sie herauspauken.«

Aber sie fingen Lentner nicht. Der Sommer 1947 verging und der Herbst. Von Lentner keine Spur. Und mit jedem Monat, der verstrich, schwanden Rampfels Chancen, mit dem Leben davonzukommen. Rampfel wußte das, und ihm wurde übel vor Angst.

Er war dazu verurteilt, unter dem Fallbeil zu sterben. Und er wollte nicht sterben. Er war erst siebenundzwanzig Jahre alt.

Er hämmerte gegen die Tür. »Ich bin unschuldig. Lentner war's. Lentner hat Lisbeth umgebracht. Ich war nur dabei. Ich konnte nicht anders. Lentner hatte mich in seiner Gewalt. So glaubt mir's doch, ich bin unschuldig. Ich wollte nur ihr Geld, aber nicht ihren Tod!«

Die Schreie verhallten ungehört. Zu erdrückend waren die Indizien. Nicht Lentner allein hat die Lisbeth Hobeck umgebracht. Rampfel hat ihm kräftig dabei geholfen. Lentner war ausgebüchst, aber Rampfel hatte man sicher in der Todeszelle. Und wenigstens er sollte für seine Untat büßen ...

Im Morgengrauen des 6. April rasseln die Schlüssel vor der Todeszelle im Gefängnis Lehrter Straße zu Berlin. Mit angstgeweiteten Augen sieht Rampfel den Staatsanwalt eintreten. Der Staatsanwalt trägt wie immer würdevolles Schwarz.

Der Staatsanwalt teilt dem zum Tode Verdammten mit, daß das Gnadengesuch verworfen worden sei.

Die letzte Stunde im Leben des Walter Rampfel hat begonnen. Das makabre Ritual der gesetzlichen Tötung nimmt seinen Lauf.

Der Geistliche kommt und nach ihm der Gefängnisarzt. Er gibt Rampfel ein Beruhigungsmittel. Aber was vermögen Mediziner gegen die Todesangst?

Als die Glocke fünf Uhr schlägt, treten die Henkersknechte in die Zelle. Sie führen Rampfel hinaus auf den Gefängnishof. Dort steht in schwachem Licht das Blutgerüst.

Rampfel wankt. Kräftige Hände packen zu und schleifen ihn zu der Todesmaschine.

Aus der Reihe schwarz gekleideter Herren, die in angemessenem Abstand vor dem Fallbeil stehen, tritt der Staatsanwalt hervor. In seinen Händen hält er das Todesurteil. Der Hinrichtungsordnung gemäß muß er es dem schlotternden, wachsbleichen Angeklagten noch einmal vorlesen.

»Im Namen des Volkes ...«

»Zum Tode verurteilt ...«

»Durch das Fallbeil zu vollstrecken ...«

Der Staatsanwalt wendet sich an den Scharfrichter in Gehrock und Zylinder. Mit mühsam beherrschter Stimme sagt er: »Walten Sie Ihres Amtes!«

Und nun geht alles blitzschnell.

Die Assistenten des Henkers pressen Rampfels Leib gegen ein

aufrecht stehendes grobes Brett. Mit dicken Lederriemen binden sie seine Arme und Beine daran fest.

Sie kippen das Brett mit dem angeschnallten Delinquenten auf ein niedriges Fahrgestell. Ein Stoß, und das grausige Gefährt rollt durch einen schwarzen Vorhang auf die Hinrichtungsmaschine zu, bis der Hals unter das Beil zu liegen kommt. Das Brett rastet ein. Unter dem Kopf des Delinquenten steht ein mit Wachstuch ausgeschlagener Korb.

Höchstens zehn Sekunden sind vergangen, seit Walter Rampfel dem Scharfrichter übergeben worden ist. Da zieht der Henker an dem Hebel. Das Fallbeil donnert in seinen Schienen nieder.

»Das Urteil ist vollstreckt«, sagt der Scharfrichter.

Walter Rampfel ist tot. Manfred Lentner, sein Komplice, ist unauffindbar.

Walter Rampfel hatte bis zuletzt gehofft, daß die österreichische Polizei Lentner aufspüren würde. Denn tatsächlich hätte eine rechtzeitige Verhaftung ihm den qualvollen Gang zur Guillotine ersparen können.

Selbst wenn er kein neues Verfahren bekommen hätte, selbst wenn das Urteil nicht aufgehoben worden wäre – er hätte Zeit gewonnen, und nur darauf kam es an. Schon wurde die Abschaffung der Todesstrafe diskutiert, und bald nach Rampfels Hinrichtung wurden Todesurteile nicht mehr vollstreckt.

Während Rampfel bange Monate in der Todeszelle verbrachte, widmete sich sein flüchtiger Komplice Lentner einer ausgesprochen lustvollen Beschäftigung: Er wandelte auf Freiersfüßen im schönen Salzburger Land.

Lentners Schwarm hieß Inge. Sie war die Frau des Schuhmachers Josef Meyer, bei dem Lentner zur Untermiete wohnte. Daß Inge bereits einem anderen gehörte, störte Lentner wenig. In diesen Dingen dachte er gewissenlos großzügig. War er doch um diese Zeit der rechtlich angetraute Ehemann zweier Frauen, die er sitzen gelassen hatte.

Er hieß übrigens offiziell jetzt nicht mehr Lentner. Seine Papiere wiesen ihn als einen gewissen Franz Haindlmauer aus. Haindlmauer arbeitete an einer Talsperre; keiner seiner Vorgesetzten und Kollegen schöpfte Verdacht. Sicher, der Haindlmauer war nicht gerade ein prächtiger Kumpel, er war verschlossen und eigenbrötlerisch. Aber von der Sorte gab es mehrere.

Nur der Josef Meyer unkte, wo immer sich ihm Gelegenheit bot, mit dem Haindlmauer habe nicht alles seine Richtigkeit. »Ein Lump ist er, ein Betrüger, ein Heiratsschwindler«, brummte er. Die wenigen Zuhörer, die er fand, nahmen ihn nicht ernst.

»Klar, daß er den Haindlmauer nicht ausstehen kann, wo der doch ihm die Frau ausspannt«, raunten sie sich zu.

In der Tat war es nicht mehr zu übersehen, wie verliebt des Schuhmachers Inge mit ihrem Untermieter tat. Inge, eine schöne, vitale, lebenshungrige Frau, fand bei Lentner-Haindlmauer alles, was sie bei ihrem Mann vermißte.

Nun ja, der Lentner alias Haindlmauer, fünfundzwanzig Jahre alt, war schon ein recht ansehnliches Mannsbild mit kräftigen Armen. Ein keckes Menjou-Bärtchen ließ den Schwerenöter in ihm ahnen.

Er war allerdings auch launisch und neigte zu heftigen, zuweilen furchterregenden Zornesausbrüchen. Aber wenn Inge es recht bedachte, war er genau der Mann, von dem sie träumte.

Der betrogene Ehemann sann indes auf Rache. Wenn Haindlmauer auf der Baustelle und Inge nicht im Haus war, schlich er in die Kammer seines Rivalen und stöberte in dessen Papieren herum. Dabei machte er eine Entdeckung, die ihn triumphieren ließ: Er fand Briefe, die Haindlmauer von einer Frau gleichen Namens empfangen hatte.

Mit einem bösen Lächeln überflog Meyer die Zeilen. Als seine Frau zurückkam, stichelte er: »Einen feinen Galan hast du dir da ausgesucht. Aber wart's nur ab. Mit dem Haindlmauer wirst du noch einen schönen Reinfall erleben.«

»Ach, laß mich in Ruhe mit deinen ewigen Stänkereien«, zischte Inge.

»Schon gut, ich halt den Mund, aber interessiert es dich wirklich nicht, daß Haindlmauer schon eine Frau hat?«

Bei der nächsten Gelegenheit fragte Inge ihren Liebhaber. »Weißt du, was mein Mann jetzt über dich verbreitet? Du wärest bereits verheiratet. Deine Frau lebte in Wien. Er hätte Briefe gesehen. Sag, Franz, ist das wahr?«

»Ja«, druckste er herum, »ich habe Briefe von einer Frau Haindlmauer bekommen. Aber die ist nicht meine Frau.«

»Deine Mutter etwa? Oder eine Verwandte? Josef wird vor

Wut platzen, wenn sich seine Enthüllungen, wie er die Schnüffelei in deinen Briefen nennt, so harmlos erklären lassen.«

»So harmlos ist das nun auch wieder nicht«, sagte Lentner-Haindlmauer.

Er zögerte. Sollte er Inge in sein größtes Geheimnis einweihen? Konnte er ihr wirklich vertrauen? Sie blickte ihn erwartungsvoll an. Er mußte etwas sagen.

»Also weißt du ... nein – versprich mir, daß du keinem Menschen verraten wirst, was ich dir jetzt sage.«

»Franz«, ihre Augen wurden groß und bittend, »ich liebe dich doch. Wenn ich von Josef geschieden bin, will ich dich heiraten. Vertraust du mir wirklich so wenig?«

Lentner-Haindlmauer dämpfte seine Stimme: »Inge, ich – ich heiße gar nicht Haindlmauer.«

»Du heißt nicht Haindlmauer? Um Gottes willen, was soll denn das bedeuten? Wie heißt du denn wirklich?«

»Manfred Lentner, aber vergiß das ganz schnell wieder.«

»Ich verstehe dich nicht«, sagte Inge, »du hast einen ordentlichen Ausweis, du hast Papiere, und in denen steht, daß du Franz Haindlmauer heißt. Sag's mir, sei ehrlich, du bist mit dieser Frau Haindlmauer verheiratet.«

Haindlmauer-Lentner erhob sich. Unruhig lief er in der Küche auf und ab. »Jetzt laß mich einmal ausreden. Ich habe einen Ausweis, das stimmt, und ich habe auch Papiere auf den Namen Franz Haindlmauer. Aber dieser Haindlmauer lebt gar nicht mehr. Er ist mit dem Auto verunglückt.«

»Wie bist du an die Papiere herangekommen?«

»Das hat meine Schwester organisiert. Sie ist eine Freundin der Frau Haindlmauer in Wien und hat sie breitgeschlagen, mir die Papiere ihres Mannes auszuhändigen.«

»Warum mußte er sich überhaupt einen anderen Namen zulegen?« durchzuckte es Inges Hirn. »Was hat er zu verbergen? Ist er ein Verbrecher?«

Der Gedanke bereitete ihr Übelkeit. Kaum wagte sie, die quälenden Fragen zu stellen. Sie stützte ihren Kopf in beide Hände und begann zu weinen. »Franz – oder Manfred – oder wie du auch immer heißt«, schluchzte sie, »warum mußt du unter einem falschen Namen leben?«

Lentner tat beleidigt. »Du hältst mich wohl für einen Gauner, was? Die Sache ist ganz einfach. Ich war im Krieg bei der

Waffen-SS. Glaubst du etwa, ich möchte mich an die Russen ausliefern lassen?«

Inge seufzte, und diesmal war es nicht Kummer, sondern Erleichterung. Er war bei der Waffen-SS gewesen. Er war kein Verbrecher.

Die Ehe des Schuhmachers Meyer zerbrach.

Einige Zeit später, im Januar 1950, führte Manfred Lentner alias Franz Haindlmauer seine Inge zum Standesamt. Bereits zwei Monate später zerbrach das junge Glück. Zerbrach an dem Haß, mit dem der Schuhmacher Meyer seinen Rivalen verfolgte.

»Der Josef gibt einfach keine Ruhe«, tobte Lentner, als er an einem Märztag von der Arbeit nach Hause kam. »Eben habe ich gehört, daß er bei der Gendarmerie war, um mich anzuzeigen.«

»Ach, reg dich nicht auf«, versuchte Inge ihn zu beschwichtigen. »Wer gibt schon etwas auf Josefs Gerede. Die lachen ihn doch nur aus.«

»Mag sein. Aber wenn sie nicht lachen? Wenn sie wirklich nachforschen? Nein, nein, Inge, ich muß weg.«

Inge schlang ihre Hände um seinen Hals. Krampfte sich fest. »Das kannst du nicht tun, sag mir, daß du das nicht tust. Du bleibst bei mir, nicht wahr?«

Lentner war jetzt gar nicht mehr der zärtliche Gatte. Unwirsch machte er sich los. »Laß die Flennerei«, keuchte er. »Wenn du mich wirklich liebhast, dann läßt du mich gehen. Oder willst du, daß ich in Sibirien verrecke?«

»Natürlich nicht. Aber wenn du gehst, dann nimm mich wenigstens mit, ja?«

»Nein, Inge, du kannst nicht mit. Jetzt nicht. Ich habe kein Geld. Allein kann ich mich durchschlagen. Wenn ich erst einmal Fuß gefaßt habe, kommst du nach. Nach Italien vielleicht. Dort will ich hin.«

Lentners überstürzte Flucht erregte in dem salzburgischen Städtchen beträchtliches Aufsehen. Nicht zuletzt deshalb, weil Inge für das Verschwinden ihres Mannes nur fadenscheinige Erklärungen gab.

Sie hätten einen heftigen Streit gehabt, beantwortete sie die neugierigen Fragen der Nachbarn, und ihr Mann habe daraufhin seine Koffer gepackt und sei abgereist. Wohin? Das wisse sie auch nicht.

Josef Meyer aber, Inges erster Mann, sah durch Lentners plötzliches Verschwinden seinen Argwohn bestätigt. Und er betrieb seine Nachforschungen mit neuem Eifer.

Meyer schrieb einen Brief an die Frau Haindlmauer in Wien und fragte an, ob sie wisse, daß ihr Mann in X. lebe und dort eine neue Ehe eingegangen sei.

Die Antwort kam postwendend. »Ich habe meinen Mann 1947 durch einen Autounfall verloren und verbitte mir Ihre geschmacklosen Anspielungen«, schrieb Frau Haindlmauer.

»Wenn Haindlmauer tot ist, dann kann der Lump, der Inge geheiratet hat, nicht Haindlmauer sein«, überlegte Meyer. Aber wenn Inges Mann unter einem falschen Namen lebte, hatte er etwas zu verbergen.

Meyer fühlte eine tiefe Befriedigung. Er hatte sich also nicht getäuscht. Der Kerl war ein Lump, und jetzt würden ihm – Josef Meyer – die Gendarmen sicher glauben.

Die Gendarmerie betrachtete die Angelegenheit nun wirklich mit anderen Augen. Wenn der verschwundene Haindlmauer gar nicht Haindlmauer war, mußte man sich wohl oder übel zu einigen Nachforschungen entschließen.

Die Wiener Polizei wurde eingeschaltet. Josef Meyer war ihr bester Helfer. »Der falsche Haindlmauer hat eine Tante in Wien«, sagte er aus, »die wird Ihnen sagen können, wer der Schuft ist.«

Ein Kriminalbeamter suchte diese Tante, eine Frau Svoboda, auf. Er zeigte ihr ein Bild des vermeintlichen Franz Haindlmauer. »Fred«, entfuhr es der Frau.

»Fred? Wieso Fred? Der Mann nennt sich Franz Haindlmauer.«

»Aber natürlich, das ist ja gar nicht mein Neffe Manfred Lentner. Die Ähnlichkeit ist aber groß, wirklich.«

»Haben wir eben Pech gehabt«, sagte der Beamte gemütlich. »Übrigens«, fragte er unvermittelt, »wie heißt Ihr Neffe?«

Frau Svoboda antwortete nicht gleich. Sie war keine gute Schauspielerin, und man sah ihr an, daß sie krampfhaft überlegte.

»Sagen Sie es schon«, drängte der Beamte, »Sie haben doch gerade den Namen erwähnt.«

»Mein Neffe heißt Manfred.«

»Manfred wie?«

»Manfred Lentner«, sagte Frau Svoboda. Es klang wie ein Geständnis.

Die Wiener Kriminalpolizei vernahm die Frau Svoboda noch einmal, sie stellte auch der Frau Haindlmauer unbequeme Fragen. Schließlich lag es klar auf der Hand: Der geflüchtete Haindlmauer war kein anderer als der gesuchte Mörder Lentner.

Warum ihn die Frauen gedeckt hatten? Er hatte ihnen die gleiche Geschichte erzählt wie seiner Inge: Er fürchtete, als ehemaliger SS-Angehöriger von den Russen nach Sibirien verschleppt zu werden.

Nun aber war Lentner wieder auf der Flucht. Und wieder winkten ihm günstige Umstände. Man schrieb das Jahr 1950. Für die katholische Christenheit war es das Heilige Jahr.

Aus allen Ländern Europas machten sich Pilger auf, per Bahn, mit dem Auto oder zu Fuß gen Rom zu ziehen. Mörder Lentner mischte sich unter die frommen Wanderer.

Als »Büßer« klopfte er an die Pforten italienischer Klöster und bat um Speise und Unterkunft. Er ließ sogar seine Frau in ein Nonnenkloster nachkommen. Aber das war ein verhängnisvoller Fehler. Ein Fehler, der ihm Interpol auf den Hals hetzte.

Der Kriminalbeamte mustert die junge, hübsche Frau, die ihm gegenüber vor dem Schreibtisch sitzt, mit einem langen, nachdenklichen Blick. »Warum lügt sie?« fragt er sich. »Weshalb schützt sie einen Mörder? Weil er ihr Mann ist, den sie abgöttisch liebt? Oder weil sie die schweren Beschuldigungen einfach nicht glaubt?«

Inge Haindlmauer hat wieder die geradezu rührende, hilflos-trotzige Pose eingenommen, die er nun schon von ihr kennt. »Nein, sie glaubt mir nicht«, denkt der Beamte, »sie hat es nicht gewußt . . . Klar, welche Frau heiratet schon einen Mann, wenn sie auch nur ahnt, daß er eine andere Frau bestialisch ermordet hat . . . Sie hat es nicht gewußt, und nun will sie es einfach nicht wahrhaben.«

»Frau Haindlmauer, oder besser Frau Lentner«, versucht es der Polizist noch einmal, »Ihr Mann hat Ihnen also vor einiger Zeit schon verraten, daß er gar nicht Franz Haindlmauer heißt, daß er in Wirklichkeit Manfred Lentner ist?«

»Das habe ich doch den Gendarmen schon ein paarmal gesagt«, antwortet Inge Haindlmauer unwillig. »Mein Mann heißt tatsächlich Manfred Lentner. Er hat den Namen Franz Haindlmauer nur deshalb angenommen, weil er im Krieg bei der Waffen-SS war und Angst hatte, man würde ihn an die Russen ausliefern.«

Das ist der Strohhalm, an den sich Inge Haindlmauer verzweifelt klammert. Ihr Mann wird aus politischen Gründen gesucht. Die Russen wollen ihn haben. Die Sache mit dem Mord ist nur ein Bluff. Und deshalb wird sie bei ihrer Aussage bleiben und weiter lügen.

Aber diesmal hat sie keine Chance. Ruhig blättert der Beamte in einem Ordner, bis er das Protokoll findet, aus dem klipp und klar hervorgeht, daß Inge Haindlmauer aus dem Salzburgischen die österreichische Kriminalpolizei wochenlang an der Nase herumgeführt hat.

»Frau Haindlmauer, Sie bleiben also bei der Geschichte: Sie haben Ihren Mann im Januar geheiratet. Im März hatten Sie miteinander Streit; Ihr Mann hat Sie daraufhin auf Nimmerwiedersehen verlassen?«

»Das ist keine Geschichte; es ist die Wahrheit«, entgegnet Inge Haindlmauer.

»Na schön. Würden Sie mir dann verraten, wo Sie sich im Juni dieses Jahres aufgehalten haben?«

»Ich weiß gar nicht, was das mit der Sache zu tun hat. Ich war verreist.«

»Waren Sie nicht etwa in Neapel? Haben Sie sich dort nicht mit Ihrem Mann getroffen, von dessen Verbleib Sie angeblich nichts wissen?«

Inge Haindlmauer zuckt zusammen. Neapel. Ja, sie ist in Neapel gewesen, im Juni des Heiligen Jahres 1950, und bei der Erinnerung an die bittersüßen Tage im Kloster der deutschen Schwestern von St. Cäcilia wird ihr weh ums Herz . . .

Nach der überstürzten Flucht ihres Mannes im März 1950 hatte Inge Lentner-Haindlmauer wochenlang nichts mehr von ihm gehört. Sie wußte, daß er sich nach Italien absetzen wollte (und das verschwieg sie wohlweislich den Nachbarn und der Polizei). Das war auch alles.

Endlich im Mai war die erste, heißersehnte Nachricht gekommen. Ihr Mann lebte in Neapel. In einem Nonnenkloster hatte er Obdach gefunden. Noch in derselben Woche fuhr Inge zu dem geliebten Mann.

»Fred!« Fast taumelnd sank sie in seine Arme, nach denen sie sich so lange vergeblich gesehnt hatte.

»Vorsicht«, flüsterte Manfred Lentner, »wir sind hier in einem Kloster, und außerdem heiße ich nicht Fred. Durch einen tollen Zufall kam ich an die Papiere eines gewissen Alois Praxmarer aus Innsbruck. Und jetzt bin ich dieser Praxmarer. Verplappere dich künftig nicht. Praxmarer – merk es dir: Alois Praxmarer.«

»Wie bist du denn ausgerechnet hierher gekommen?« wollte Inge wissen.

Das war eine lange Geschichte: Nach seiner Flucht hatte sich Lentner-Haindlmauer-Praxmarer in Italien als frommer Pilgersmann ausgegeben, einer von den vielen Millionen, die 1950 gen Rom zogen. In Klöstern hatte er, der mittellose Flüchtling, Unterkunft und Verpflegung bekommen. Schließlich war er, mit einem Empfehlungsbrief ausgestattet, bei den ehrwürdigen Schwestern von St. Cäcilia erschienen.

Sie hatten ihn gern beherbergt, und dies um so mehr, als sie gerade dabei waren, ihr Kloster renovieren zu lassen. Manfred Lentner, gelernter und tüchtiger Elektriker, erwies sich als eine große Hilfe.

Inge hörte nur mit halbem Ohr zu. Ganz andere Gedanken bewegten sie. Sie war nun in Neapel, gut, aber wie sollte es weitergehen? Wo würden sie ein Plätzchen finden für sich und ihre Liebe?

Und wieder gelang dem Manfred Lentner das schier Unmögliche. Er überredete die anfangs zögernden Nonnen, auch Inge Obdach zu gewähren. Inge bekam eine Zelle zugewiesen, die nur wenige Schritte von Manfreds bescheidenem, aber doch freundlich eingerichtetem Klosterquartier entfernt lag.

Die Tage waren für Inge schrecklich. Sie mußte einen großen Bogen um ihren Mann schlagen, denn die frommen Schwestern durften keinen Argwohn schöpfen. Sie mußte Manfred meiden und wäre doch am liebsten jede Stunde, jede Minute, jede Sekunde an seiner Seite gewesen.

Aber nachts, wenn das Kloster schlief, wartete sie mit wildschlagendem Herzen auf die schleichenden Schritte dieses Mannes. Sie wartete nicht vergeblich.

Das Glück der Liebe brachte ihnen bald Pech. Die Nonnen kamen den beiden Turteltauben auf die Schliche, und acht Tage nach Inges Ankunft setzte die Priorin das verliebte Paar auf die Straße. Man konnte es ihr nicht verdenken!

Schweren Herzens machte sich Inge wieder auf nach Österreich. Sie trug die traurige Gewißheit mit sich, daß sie nun lange, lange Zeit auf ihren Fred würde warten müssen. Das hatte er ihr deutlich klargemacht. Was sollte sie tun? Wovon sollte sie leben?

In ihrer Not wandte sie sich an ihre Tante, eine Frau Armbrust, die in Kufstein wohnte. Sie erzählte der Tante alles; denn sie erhoffte sich Hilfe für die Zeit, bis sie eine Stellung gefunden hatte.

Wieder zu Hause angekommen, meldete sich bei ihr gleich die Polizei. Aber diesmal wollten die Beamten mehr wissen als in den ersten Wochen nach Manfreds Flucht. Damals ahnte die Kriminalpolizei noch nicht, daß der abgängige Haindlmauer in Wirklichkeit Manfred Lentner hieß und ein Mörder war. Damals hatten die Beamten nur rein routinemäßig und ohne Nachdruck recherchiert.

Aber inzwischen hatte man in Wien die wahre Identität des Franz Haindlmauer festgestellt. Und wenn es sich um einen Mord handelt, gibt man sich mit flauen Aussagen nicht zufrieden.

»Sie haben meine Frage noch immer nicht beantwortet«, drängt der Kriminalbeamte bei Inges Vernehmung Anfang Oktober 1950. »Ist es nicht so, daß Sie Ihren Mann im Juni in Neapel getroffen haben?«

»Nein, wie kommen Sie darauf?«

Der Beamte sieht die Lügnerin aus Liebe mit beinahe mitleidigen Blicken an. »Nun gut«, sagt er, »dann werde ich Ihr Gedächtnis etwas auffrischen müssen. Wir haben nämlich dieser Tage eine Frau Armbrust in Kufstein vernommen, Ihre Tante, nicht wahr? Die hat uns so einiges erzählt. Und auch eine Karte hat sie uns gezeigt, die Sie, Frau Haindlmauer, aus Neapel geschrieben haben. Machen Sie es sich und uns nicht unnötig schwer. Reden Sie schon . . .«

Inge wird bleich. Tränen steigen ihr in die Augen. Ihre Tante hat also geplaudert. Na, da hilft kein Leugnen mehr.

»Ja, so war es. Ich traf meinen Mann in Neapel. Er lebte in einem Kloster. Unter dem Namen Alois Praxmarer.« Die letzten Worte klingen wie ein Stöhnen.

Die mühevolle Kleinarbeit der österreichischen Kriminalpolizei hat sich gelohnt. Jetzt, im Oktober 1950, hatte sie die Beweise, daß der Mörder Lentner nach Italien geflohen war. Man kannte sogar seinen neuen Tarnnamen: Alois Praxmarer.

Durch seine Flucht über die Grenze jedoch war Lentner ein »Internationaler« geworden, ein Fall für die Interpol.

Interpol in Wien telegrafierte am 9. Oktober nach Rom. Die Drahtantwort kam am 13. Sie war enttäuschend: Lentner hatte Neapel bereits verlassen. Wahrscheinlich suchte er in einem anderen Land Unterschlupf.

Es war an der Zeit – der Arbeitsmethode der Interpol entsprechend –, das Pariser Hauptquartier der internationalen Kriminalpolizei einzuschalten. Schon wenige Stunden später funkte der Interpol-Sender in Pomponne bei Paris an die nationalen Zentralbüros aller Mitgliedsstaaten den Steckbrief des flüchtigen Mörders:

»Lentner, Manfred. Geboren am 29. 7. 1923. Nationalität: Österreicher. Zivilstand überprüft und als zutreffend befunden. Decknamen: Wöber, Heinz; Haindlmauer, Franz; Praxmarer, Alois. Letzterer scheint augenblicklich angewandt. Größe: etwa 1,80 Meter. Schlank, abgezehrtes Gesicht. Ist Gegenstand eines Haftbefehls des Kreisgerichts Korneuburg, Österreich, wegen Mordes. Im Falle der Auffindung ist er in Untersuchungshaft zu nehmen. Ein Auslieferungsersuchen liegt vor.«

Der Mörder Manfred Lentner war markiert. Die Polizeiorganisationen fast aller Länder hatten ihn in ihr Fahndungsbuch aufgenommen. Seine Chancen, dem strafenden Arm der Justiz zu entrinnen, waren geringer denn je.

Was hatte er alles unternommen, um der gerechten Strafe zu entfliehen! Wieviel Glück hatte er dabei gehabt: Er war von Berlin, wo er gemeinsam mit seinem Kriegskameraden Walter Rampfel eine Frau ermordet hatte, nach Sachsen geflohen, von Sachsen nach Österreich. Er war verhaftet worden und wieder ausgebrochen. Er war im Salzburgischen untergetaucht und später in Italien. Er hatte zweimal seinen Namen gewechselt und der Polizei viele Schnippchen geschlagen.

Doch was war das für eine Freiheit, die er sich durch List und Flucht erschlichen hatte? Fünf Jahre Freiheit, fünf Jahre, in denen das süße Gefühl, davongekommen zu sein, von der jähen Angst abgelöst wurde, die Häscher wären ihm dicht auf den Fersen.

Als Lentner aus dem neapolitanischen Kloster hinausgeworfen wurde, kam er sich vor wie ein gehetztes Wild. Panische Angst jagte ihn, berechtigte Angst.

Dabei winkte ihm noch einmal ein ungeahntes Glück. Eine sizilianische Familie von allerdings zweifelhaftem Ruf nahm ihn auf, und die Tochter des Hauses, die glutäugige Rita, verliebte sich in ihn. Lentner, damals bereits mit drei Frauen verheiratet, ohne je geschieden worden zu sein, versprach auch ihr die Ehe.

Ritas Eltern gewöhnten sich daran, in Lentner alias Praxmarer den künftigen Schwiegersohn zu sehen. Sie erlaubten dem Paar viele Freiheiten.

In Lentner keimte neue Hoffnung. Zur Blüte kam sie nie. Eines Morgens klopften Carabinieri an die Tür. Sie wollten sich die Papiere des Fremden einmal genauer ansehen.

Die Polizisten schöpften offenbar keinen Verdacht. Sie gaben Lentner den Paß zurück und verabschiedeten sich höflich. Aber der Polizeibesuch am Morgen hatte Lentners Hoffnungen mit einem Schlag zerstört. Wieder war da diese Angst!

Die Angst trieb ihn aus dem trauten Familienkreis. Er trampte durch Italien und überschritt bei Nacht und Nebel die französische Grenze. Er hatte einen verzweifelten Entschluß gefaßt: Wenn es ihm schon nicht gelingen sollte, einen sicheren, dauerhaften Unterschlupf zu finden, so wollte er in der großen Anonymität der Fremdenlegion untertauchen.

Er bewarb sich umsonst; die Legion verzichtete auf seine Dienste.

Und wieder kam die Angst!

Der Boden Europas brannte Lentner höllisch unter den Füßen. In Marseille heuerte er als Matrose an. Auf dem Meer, außerhalb der Dreimeilenzone, fühlte er sich sicher, genoß er die kostbare Freiheit der Meere.

Er sollte trotzdem nicht davonkommen. Im Morgengrauen des 5. November 1951 schlug das Schicksal zu, das Schicksal in Gestalt eines Orkans, der Lentners Schiff zum Sinken brachte. Vor der Küste Marokkos. Lentner gehörte zu den wenigen Überlebenden.

Freilich, nun mußte er sich wieder eine polizeiliche Überprüfung gefallen lassen. Aber in Marokko, fern von Europa, bewegte sich Lentner mit größerer Selbstsicherheit.

Gelassen trat er dem Polizeiinspektor in Casablanca gegenüber. Was sollte der schon von ihm wissen, von seiner Tat, von der ihn sechs Jahre und einige tausend Kilometer trennten?

Der Inspektor betrachtete den Paß. »Sie sind Alois Praxmarer?« fragte er gewohnheitsgemäß und wartete die Antwort gar nicht erst ab.

Der Inspektor ging mit dem Paß in einen Nebenraum. Auch das war Routine. Nach ein paar Minuten kam er, begleitet von zwei Polizisten, wieder zurück. »Herr Praxmarer, es tut mir leid, ich muß Sie verhaften.«

»Machen Sie keine Witze«, versuchte Lentner alias Praxmarer aufzubegehren. »Ich bin mit knapper Not dem Tod entronnen, da ist mir nicht zum Scherzen zumute.«

»Ich scherze nicht. Ihr Name steht in der internationalen Fahndungskartei. Interpol verlangt Ihre Verhaftung und Auslieferung nach Österreich.«

So hatte sich auch der listenreiche Lentner schließlich im Netz der grauen Spinne, der Interpol, gefangen. Am 5. Mai 1954 stand er in Salzburg vor seinen Richtern. Nach dreitägiger Verhandlung verurteilte ihn das Geschworenengericht zu fünfzehn Jahren schweren Kerkers wegen Meuchelmordes und zweifacher Bigamie.

Wo ist Ihre Tochter, Herr Widegren?

Mörder haben keine Chance. Auch dann nicht, wenn sie ins Ausland fliehen. Irgendwann verfangen sie sich immer im Netz der grauen Spinne, die überall lauert: Interpol.

Weniger erfolgreich sind hingegen die Interpol-Detektive, die sich bemühen, als vermißt gemeldete Personen aufzuspüren. Eine Unzahl solcher Vermißtmeldungen geht jährlich bei den nationalen Interpol-Büros und dem Pariser Generalsekretariat ein. Nur zu oft müssen die Beamten derartige Fälle ungelöst zu den Akten legen. Fälle wie diese:

Am 14. März 1962 verschwindet in England auf mysteriöse Weise Diana Little, einundzwanzig Jahre alt, Tochter eines Atomwissenschaftlers im Harwell-Forschungszentrum. Interpol wird benachrichtigt.

Am gleichen Tag erscheint Inge C. aus Dortmund nicht mehr

in ihrem Hotel in Nizza, wo sie einige Ferientage verbracht hat. Die Hoteldirektion verständigt die Eltern. Interpol wird eingeschaltet.

Nicole M. ist Studentin in Hamburg. Nach einem Tanzabend sagt sie zu ihrer Freundin: »Warte nicht auf mich. Mein Bekannter bringt mich nach Haus.« Nicole kommt nie bei ihren Eltern an. Da die Suche in Deutschland ergebnislos bleibt, erbittet man Interpol-Hilfe.

Weshalb und wohin die Mädchen verschwunden sind, das ist bis heute ungeklärt. Jedenfalls wissen die Interpol-Akten nichts darüber zu berichten. Dabei können die Mädchen schon längst wieder zu Hause aufgetaucht sein.

Interpol hat nämlich bei vielen ähnlichen Fällen eine aufschlußreiche Entdeckung gemacht. Die meisten der als vermißt Gemeldeten haben für ihr Untertauchen sehr persönliche Motive: Ein junges Mädchen brennt mit seinem Liebhaber durch, ein Familienvater ist seiner Lieben überdrüssig – und so weiter. Die besorgten Verwandten geben eine Vermißtenmeldung auf, die gegebenenfalls an Interpol weitergeleitet wird. Nach einiger Zeit kehrt der oder die Vermißte reumütig wieder zurück. Aber der »peinlichen« Umstände wegen wendet sich nun niemand mehr an Interpol. Der »Fall« ist längst geklärt; in den Akten der internationalen Polizei steht er noch immer offen.

Der schwedische Schreiner Carl Widegren allerdings ging zur Polizei, als sich das Schicksal seiner vermißten Tochter Viola geklärt hatte. Er ging zur Polizei, denn für ihn bedeutete die Nachricht – die von Interpol bestätigte Nachricht –, daß seine Tochter als williges Mädchen im Freudenviertel der kanadischen Hafenstadt Vancouver lebte, die Erlösung von einem sechs Jahre währenden Martyrium.

Wer kann die Seelenqualen ermessen, die Carl Widegren und seine Frau ausstehen mußten? Nicht genug, daß sie sich vor Gram über die verschwundene Tochter verzehrten – die Polizei und die Nachbarn verfolgten sie mit unerhörten Verdächtigungen.

»Man hat mich des Mordes an meiner Tochter Viola bezichtigt«, sagte Widegren und schüttelte seinen schweren Schädel. »Man hat gesagt, ich hätte sie getötet, zerschnitten und in Konservendosen eingemacht; man hat gesagt, ich hätte davon gegessen. Andere wollten wissen, ich hätte meine Hühner mit

Knochenmehl von Violas Leiche gefüttert. Ja, es gibt keine Schandtat, deren man mich nicht für fähig gehalten hätte.«

5. Dezember 1949. Adventszeit. Zeit der Erwartung. Weihnachten, das Fest des Friedens und der Freude, ist nahe. Aber in dem Haus des Schreiners Carl Widegren herrscht alles andere als vorweihnachtliche Stimmung. Eine Familientragödie bahnt sich an, von der die Leute des schwedischen Dörfchens Helgum noch lange reden werden. Jahrelang.

In der blitzblanken Stube stehen sich Vater Widegren und seine bildhübsche Tochter Viola, eben sechzehn Jahre alt, gegenüber, so als wären sie einander völlig fremd.

»Kind, mein Kind«, sagt der Vater beschwörend, »nimm endlich Vernunft an. Es geht ja nicht um uns, sondern um dein Leben, deine Zukunft.«

Die Tochter blickt ihn ausdruckslos an. Mit einem hilfeheischenden Achselzucken wendet sich Carl Widegren an seine Frau, die mit verweinten Augen auf dem Sofa sitzt. »Nun sag doch auch mal etwas.«

Mutter Widegren schluchzt. »Viola«, jammert sie, »wir meinen es wirklich nur gut mit dir. Bitte tu, was der Vater dir sagt.«

»Ich weiß gar nicht, was ihr wollt«, antwortet die Tochter schnippisch. »Schließlich ist es keine Schande, in einem Krankenhaus zu arbeiten.«

Meister Widegren beherrscht sich mühsam. »Natürlich ist es keine Schande«, keucht er. »Du darfst nur nicht vergessen, daß wir dich nicht auf die Handelsschule geschickt haben, damit du eines Tages Hilfsschwester wirst. Es war doch alles klar, du solltest nur in den Ferien aushelfen. Aber die sind lange vorüber, und nächstes Jahr ist Examen.«

Das sagt Schreiner Carl Widegren. Im Grunde genommen meint er jedoch etwas ganz anderes. Er macht sich Sorgen um seine Tochter.

Seit Viola im Krankenhaus der nahen Stadt arbeitet, ist eine merkwürdige Veränderung mit ihr vorgegangen.

Es hatte damit begonnen, daß Viola eines Tages ihren Eltern eröffnete, sie werde die Handelsschule nicht weiter besuchen. Das sagte ausgerechnet Viola, die begabte und fleißige Viola, der Stolz ihrer Eltern und Stolz der Lehrer. Die Schule hatte ihr sogar ein Stipendium von 300 Kronen bewilligt. Und nun wollte sie plötzlich – kurz vor dem Examen – Schluß machen?

Nicht minder besorgniserregend empfanden es Mutter und Vater Widegren, daß Viola nicht mehr nach Hause kommen wollte. Selbst an ihren dienstfreien Tagen blieb sie in der Stadt. Alle Bitten und Ermahnungen halfen nichts; aus dem einst so lieben, folgsamen Mädchen war ein verschlossener Trotzkopf geworden.

Die Eltern ahnten die Gründe für Violas verändertes Benehmen. »Da steckt ein Kerl dahinter«, hatte Carl Widegren eines Tages zu seiner Frau gesagt. »Irgendein Strolch hat ihr den Kopf verdreht.«

Seitdem stand es für die Widegrens fest: Viola mußte unter allen Umständen dazu bewogen werden, die Arbeit im Krankenhaus aufzugeben und wieder ins elterliche Haus zu ziehen.

Sie war ja noch ein Kind.

Deshalb hatte man Viola am 5. Dezember nach Hause beordert. Viola kam, aber sie zeigte sich widerspenstiger denn je.

Vater Widegren ist ein geduldiger Mann. Und er liebt seine Tochter aus ganzem Herzen. Er versucht es noch einmal: »Wenn du Krankenschwester werden willst, wollen wir dir den Weg nicht verbauen. Aber bitte, mach erst dein Examen. Noch besser wäre es vielleicht, wenn du eine Schwesternschule besuchtest. Du brauchtest dann nicht ständig als Hilfskraft zu arbeiten. Wie wär's mit der Schule in Malmö?«

Viola hat für die gutgemeinten Vorschläge nur ein verächtliches Lächeln übrig. »Gib dir keine Mühe, Vater! Ich will von Studien, Examen und solchen Geschichten nichts mehr hören. Ich gehe zurück in die Stadt, ins Krankenhaus, und wenn sie mich dort eines Tages nicht mehr haben wollen, suche ich mir einen Job als Verkäuferin.«

Das muß man sich nun von diesem Gör bieten lassen! Vater Widegren stapft wütend in der Stube auf und ab. »So, so, du willst also von unseren Wünschen nichts mehr hören, du willst also in die Stadt. Warum denn? Warum denn wohl? Ich will dir sagen, warum: Du hast dich mit einem Kerl eingelassen«

Viola entgegnet nicht viel. Sie sagt nur: »Und wenn schon ...«

In diesem Augenblick verliert Carl Widegren die Beherrschung. Er tut etwas, wozu er sich nie hat hinreißen lassen. Er gibt Viola eine Ohrfeige, eine nur, aber Viola kreischt auf: »Ich hasse dich, Vater, ich pfeife auf deine altmodischen Ratschläge. Ja, ich habe mich verliebt. Was seht ihr mich so entsetzt an? Was ist denn dabei? Wenn es euch nicht paßt, kann ich ja gehen.«

Viola geht nicht nur. Sie stürzt aus dem Zimmer, hastet die blaugestrichene Treppe hinunter zur Haustür und verschwindet in der Winternacht.

Sie kam nie wieder. Sechs Jahre vergingen, sechs Jahre des Grauens, bis Schreiner Widegren die erste Spur seiner verlorenen Tochter fand. Was er in diesen sechs Jahren erlebte, ist unglaublich: Wieviel Borniertheit der Polizei! Wie viele makabre Verdächtigungen! Wieviel Niedertracht der früher so freundlichen Nachbarn!

Das Dörfchen Helgum, die kleine Welt des Meisters Widegren, verwandelte sich in ein Irrenhaus. Doch lassen wir Carl Widegren selbst erzählen ...

»Mir war von Anfang an klar, daß Viola einem Kerl nachgelaufen sein mußte. Die Ortspolizei, der ich den Vorfall anzeigte, teilte meine Meinung. Dann aber geschah das Unglück: Die Staatspolizei nahm sich des Falles an, die Staatspolizei, verkörpert durch den Kommissar Janne Sundin.

Kommissar Sundin hielt sich gar nicht erst damit auf, Spuren zu sichern und zu verfolgen, die den Verbleib unserer Tochter hätten aufklären können. Sundin und seine Leute suchten nämlich gar nicht nach meiner Tochter.

Sie suchten nach Violas Leiche.

Weiß der Herrgott, wer ihnen den unsinnigen Verdacht eingegeben haben mag – die Staatspolizisten waren davon überzeugt, Viola sei tot, sei ermordet worden.

Und sie hatten auch schon einen mutmaßlichen Mörder im Auge.

Ich sollte der Mörder meiner Tochter sein!

Aber kein Mord ohne Leiche. Solange die Polizisten keine ermordete Viola vorzeigen konnten, waren ihnen die Hände gebunden, gegen mich direkt vorzugehen.

Sie gaben sich schreckliche Mühe, die totgeglaubte Viola aufzuspüren. Kommissar Sundin trommelte die Fischer der Gegend zusammen und fuhr mit ihnen zum Älv hinunter. Meter für

Meter durchkämmten sie das Flußbett. Natürlich bemühten sie sich vergeblich.

Darauf schickte Sundin seine Detektive nachts auf mein Anwesen, wo ich zu jener Zeit eine kleine Hühnerfarm nebenher betrieb. Die Polizisten gruben den Misthaufen um und waren enttäuscht, als sie auch dort keine Leiche fanden.

Das hinderte den Kommissar Sundin jedoch nicht, seinen aberwitzigen Verdacht aufrechtzuerhalten.

Das war schlimm. Ein Verdacht, mag er noch so unbegründet sein, muß nur hartnäckig und oft genug geäußert werden, und die Leute beginnen daran zu glauben. Getreu dem Sprichwort: Wo Rauch ist, da ist auch Feuer!

Es kam noch schlimmer. Die schwedische Presse stieg ganz groß ein. Sie sprach unverhohlen von einem perfekten Mord, den ich, der unbescholtene Bürger Carl Widegren, begangen haben sollte.

Die Pressekampagne löste eine neue Welle der Verdächtigungen aus. Längst hatten die Nachbarn aufgehört, sich, unsicher geworden, zu fragen, ob mir die unterstellte Tat zuzutrauen sei oder nicht. O nein, die Nachbarn zweifelten nicht mehr. Sie hatten ihr Urteil gesprochen: Sie machten einen großen Bogen um uns, nur damit sie uns nicht zu grüßen brauchten.

Wir wagten uns kaum noch auf die Straße.

Aber noch immer fehlte die Leiche. Das hätte die Leute stutzig machen müssen. Das Gegenteil war der Fall: Die Verdächtigungen wurden nur noch bösartiger.

Eine Frau, die nicht weit von uns entfernt wohnte, erklärte rundheraus, sie habe mit eigenen Augen die Konservendosen gesehen, in denen ich die zerstückelte Viola aufbewahre. Andere wollten mit Sicherheit wissen, daß ich Viola – welch grauenvoller Gedanke! – aufgegessen hätte.

Eines Tages weigerte sich der Konsumvorsteher, mir weiterhin Eier abzunehmen. Seine Kunden glaubten steif und fest, ich füttere meine Hühner mit Knochenmehl von Violas Leiche. Es blieb mir nichts anderes übrig, als die Hühner zu schlachten und den Farmbetrieb einzustellen.

Den Höhepunkt des Wahnwitzes erlebten wir, als der Bürgermeister unseres Dorfes auf Leichensuche ging.

Dieser Bürgermeister behauptete, er habe einen Hahn, der unaufhörlich ›Kilyliky‹ schreie, sobald er in die Nähe einer vergrabenen Leiche käme.

Sie setzten das Tier auf einen Schlitten und fuhren mit ihm auf der Eisdecke des gefrorenen Flusses hin und her. Das taten sie, weil ja schon die Staatspolizei gesagt hatte, Viola sei ertränkt und in den Fluß geworfen worden.

Tatsächlich: Der Hahn krähte. Er schrie sein ›Kilyliky‹ an die hundertmal. Nun, vielleicht war ihm zu kalt, vielleicht hatte er Sehnsucht nach dem warmen Stall oder nach seinen Hennen. Auf derlei einfache Erklärungen wollten die Leichensucher jedoch nicht kommen.

Für das Dorf Helgum war es nun eine ausgemachte Sache, daß ich ein Mörder sei, und ein ganz raffinierter obendrein ...«

Als Carl Widegren die Nachricht hörte, richtete sich seine gramgebeugte Gestalt für Sekunden auf. In seinen Augen blitzten Freude und Triumph. Aber dann sackte er wieder zusammen. Angst, Argwohn und Mißtrauen sprachen aus seinen Blicken.

Carl Widegren keuchte, und er stützte sich schwer auf den Ladentisch. »Du treibst doch keinen Schabernack mit mir, Nils«, sagte er zu dem Verkäufer. Drohung und Flehen schwangen in seiner Stimme mit.

Der Verkäufer schaute verlegen weg und machte sich an der Registrierkasse zu schaffen. »Armer Kerl«, dachte er, und zum ersten Mal seit Monaten verspürte er Mitleid mit diesem Carl Widegren. Mehr noch: Er hatte ein ausgesprochen schlechtes Gewissen.

Nils, der junge Kaufmannsgehilfe, hatte – wie alle Leute im Dörfchen Helgum, ja wie ganz Schweden – den Schreiner Widegren mit dem fürchterlichen Verdacht verfolgt, er habe seine bildhübsche Tochter ermordet.

Eines Tages – davon waren alle überzeugt – würde man die sterblichen Überreste Violas finden, und dann würden sie den Carl Widegren holen und einsperren und ihm den Prozeß machen.

Auch der Verkäufer Nils hatte Widegren nur widerwillig bedient, wie einen heruntergekommenen Landstreicher, der eine milde Gabe erbittet.

Aber da war diese Nachricht ins Dorf gekommen, und nun begann auch Nils zu zweifeln, ob man dem Carl Widegren nicht ein grauenhaftes Unrecht zugefügt hatte. »Hören Sie zu, Herr Widegren, ich mache keine Scherze. Es ist schon im ganzen Dorf herum. Man hat eine Flaschenpost gefunden. Eine Botschaft von Viola.«

Eine Botschaft von Viola!

Das war der Beweis!

Sie lebte; denn Ermordete pflegen nicht zu schreiben!

»Viola«, sagte Widegren zärtlich, als stünde die innig geliebte und doch so undankbare Tochter vor ihm, »was hast du uns angetan. Aber nun wird ja alles wieder gut. Jetzt werden sie mir glauben, daß ich dir nichts angetan habe. Jetzt«, Carl Widegren reckte sich hoch, und ein erster Anflug von Hoffnung und Zuversicht huschte über sein verhärmtes, verbittertes Gesicht, »jetzt wird selbst der verbohrte Kommissar Sundin einsehen, welchen Irrtum er begangen hat.«

Mit zitternden Händen packte Widegren Brot, Butter und Kaffee ein – er hatte das Einkaufen vor einiger Zeit übernommen, denn seine Frau wagte sich nicht mehr auf die Straße – und warf eine Banknote auf den Tisch. Das Wechselgeld wartete er nicht mehr ab. »Bis morgen, Nils, ich muß meiner Frau die Nachricht bringen . . .«

Es war schwül und drückend an diesem Sommertag des Jahres 1950. Eine bleierne Stille lastete auf dem Dorf; die Hunde wälzten sich apathisch vor ihren Hütten, und selbst den Vögeln hatte die brütende Hitze die Stimme verschlagen. »Es wird ein Gewitter geben«, dachte Widegren.

Aber er stürmte durch die engen, staubigen Straßen wie ein Schüler, der eine Eins geschrieben hat.

Da, endlich sein Anwesen, ein blitzsauberes, schmuckes Bauernhaus, auf das er einst so stolz gewesen und das ihm in den letzten Monaten wie ein Gefängnis vorgekommen war.

Er schlug die Gartenpforte mit einem fröhlichen Schwung ins Schloß. Die fünf Treppen zur Haustür nahm er mit zwei Schritten. »Karen, wo steckst du denn?« rief er ungeduldig.

Seine Frau kam aus der Küche. Sie schluchzte. Mit ihrer Schürze wischte sie sich die Tränen aus den Augen. »O Carl, wie gut, daß du wieder da bist. Es war schrecklich . . .«

»Was ist denn los?« fragte Carl Widegren, obwohl er die Antwort ahnte.

»Es waren wieder Leute da. Ein ganzer Omnibus voll. Der Fahrer bat um Kühlwasser. Während ich es holte, stürzte sich die Meute über unser Anwesen. Sie haben alles fotografiert, den Hühnerstall, den Misthaufen, die Scheune und mich. Ich wollte ins Haus fliehen, aber einer hielt mich brutal fest. ›Hab dich nicht so!‹ hat er gesagt und noch etwas schrecklich Unanständiges . . . Mein Gott, wie können die Leute nur so gemein sein . . . Und dann haben sie geknipst und hämische Grimassen geschnitten.«

Carl Widegren kannte das. Die Presse hatte die Gemüter im ganzen Land aufgehetzt. Gegen ihn. Man hatte ihn einen »perfekten Mörder« genannt.

Aber das war nun alles vorbei. Die Flaschenpost von Viola würde die Polizei überzeugen. Was das Mädchen wohl geschrieben hatte? Nun, er würde es sicher bald erfahren; denn die Polizei mußte ihn zu dem Fund vernehmen.

Carl Widegren trat auf seine Frau zu. Mit seinen großen, kräftigen Händen faßte er sie behutsam an den Schultern. Eine große Zärtlichkeit überkam ihn.

Seine Frau Karen! Der einzige Mensch, der von seiner Unschuld wußte und in diesen schlimmen Monaten zu ihm gehalten hatte. Wie hatte sie sich verändert, wie war sie gealtert, wie viele Tränen hatte sie geweint!

»Vergiß das«, sagte er und würgte den Kloß im Hals hinunter. »Der Spuk ist vorbei. Sie haben ein Lebenszeichen von Viola gefunden. Eine Flaschenpost. Ich habe es beim Kaufmann gehört. Ich wollte es zuerst gar nicht glauben, aber der junge Nils hat mir auf Ehre und Gewissen versichert, es sei wahr.«

»Eine Flaschenpost?« Karen schneuzte sich. »Mein Gott, wenn es bloß so wäre . . .«

Tags darauf klopfte Kommissar Sundin an die Tür. Er brachte den Zettel, der in einer Flasche an der nahen Küste angespült worden war. Auf dem Zettel stand unter Widegrens Adresse: »Sucht mich nicht! Ihr findet mich nie! Viola.«

»Ist das die Handschrift Ihrer Tochter?« fragte Kommissar Sundin lauernd.

Widegren starrte erschüttert auf das letzte Lebenszeichen seiner Tochter. Wo mochte sie bloß stecken? In Schweden sicher nicht. Im Ausland also, aber wo? Vielleicht war sie längst verheiratet? Nein, das erschien unwahrscheinlich; denn wenn sie eine gute Partie gemacht hätte, würde sie sich gemeldet haben. Sie kannte doch ihren Vater. Sie mußte wissen, daß er ihr verzeihen würde.

»Erkennen Sie die Handschrift Ihrer Tochter wieder?« schnarrte Sundin ungeduldig.

»Das ist Violas Schrift. Ich erkenne sie genau. Ja, Herr Kommissar, diesen Zettel hat sie geschrieben.«

»Können Sie es beschwören?«

»So wahr mir Gott helfe.«

»Dann kommen Sie bitte morgen zum Gericht in die Stadt. Ich werde auch dort sein«, sagte Sundin und verabschiedete sich knapp ...

Carl Widegren beschwor seine Aussage vor Gericht. Er übergab dem Untersuchungsrichter zusätzlich Schriftproben. Er glaubte, damit sei endlich das Ende der schrecklichen Affäre nahe. Er täuschte sich gründlich.

Die Ermittlungsbehörden schickten die Flaschenpost zusammen mit den Schriftproben nach Stockholm und erbaten ein Sachverständigengutachten. Die Experten ließen sich Zeit. Als sie schließlich Wochen später ihr Urteil abgaben, zerstörten sie Carl Widegrens Hoffnungen auf Rehabilitierung.

Die Schriftsachverständigen in Stockholm gutachteten: Es sei einwandfrei erwiesen, daß die Flaschenpost nicht von Viola Widegren geschrieben worden sei.

Ein niederschmetterndes Urteil für Carl Widegren. Seine Nachbarn fingen wieder an zu tuscheln. »Er hat den Brief selbst geschrieben, um die Polizei an der Nase herumzuführen«, munkelten sie.

Das Martyrium der Familie Widegren begann jetzt erst richtig. Es währte Jahre. Fast sechs Jahre.

Dann kam Licht in das größte Kriminalrätsel Schwedens. Der Seemann Birger Persson, der mit seinem Schiff alle Ozeane befahren hatte, kehrte nach Schweden zurück. Er hörte von dem »Fall Widegren«, und er erinnerte sich an ein Erlebnis im Vergnügungsviertel der kanadischen Hafenstadt Vancouver.

Fahrensmann Birger Persson hielt es für seine Menschenpflicht, der Polizei sein Wissen mitzuteilen. Als Carl Widegren von Perssons Protokoll hörte, konnte er zum ersten Mal aufatmen ...

Perssons Protokoll:

»Ich, der Seemann Birger Persson, habe Viola Widegren gesehen. Ich traf sie in Chinatown, dem Vergnügungsviertel von Vancouver ...

Unser Schiff, der norwegische Trampdampfer ›Sokna‹, war in Vancouver vor Anker gegangen, um eine Ladung Holz für New York aufzunehmen. Wir waren eine bunt zusammengewürfelte Crew aus aller Herren Ländern, ein toller Haufen, kann ich Ihnen sagen, keine Heiligen, nein, das waren wir gewiß nicht.

In Vancouver bekamen wir Löhnung. Klar, wir gingen an Land und peilten Chinatown an. Es war im April vor zwei Jahren, Sie können es aus meinem Seemannsbuch ersehen.

Im ersten Nachtlokal schon sah ich sie, ein hübsches Mädel, so etwa zwanzig Jahre alt. Sie war allein, und sie sah merkwürdig – wie soll ich sagen – einsam, ja fast wehmütig aus.

Ich forderte sie zum Tanz auf, und es war, als ob eine Fee um Mitternacht über das Oberdeck glitt. Sie sagte nicht viel während des Tanzes. Ich erinnere mich ganz genau, auch daran, daß sie eine kleine Narbe am Kinn hatte.

Aber selbst den sehr wenigen Worten, die sie sagte, konnte ich entnehmen, daß sie ein miserables Englisch sprach. Allerdings: Die übelsten, die schlimmsten und schlechtesten Ausdrücke dieser Gegend beherrschte sie.

Ich fragte sie, ob ich sie nach Hause begleiten solle. Sie sagte natürlich: ›Ja.‹ Sie war sehr vorsichtig. Plötzlich – wir standen vor ihrer Haustür – wollte ich nicht mehr mit ihr aufs Zimmer gehen, ich weiß selbst nicht, warum. Wir sagten uns ›Gute Nacht‹ und verabredeten ein Rendezvous für den nächsten Abend.

Sie kam pünktlich. Wir gingen wieder in den Nachtbums und tranken zusammen. Wir wurden miteinander vertrauter, und sie sagte mir, sie heiße Rose-Marie. Die Männer im Lokal nannten sie Rose.

Diesmal ging ich mit in ihre Wohnung; ein kleines, nettes Zimmer und eine winzige Küche. Ich setzte mich neben sie aufs Bett, und sie fragte:

›Seemann, du hast doch sicher viel von der Welt gesehen . . .?‹

Ich antwortete: ›Das kannst du mir glauben. Zehn Jahre lang habe ich die See dünngefahren; es gibt kaum einen Flecken, den ich nicht kenne. Zwischendurch habe ich zwei Jahre in Australien als Sheepshearer gearbeitet, eine verflucht harte Arbeit.‹

›Sheepshearer? Was ist denn das?‹

›Ein Mann, der die Schafe schert, aber das müßtest du eigentlich wissen, Kind, du wirst doch wohl deine Muttersprache kennen.‹Wir sprachen nämlich englisch, denn sie hatte mir gesagt, sie stamme aus Kanada.

›Englisch ist gar nicht meine Muttersprache‹, sagte sie plötzlich. ›Es ist nicht wahr, daß ich Kanadierin bin. Ich komme aus Schweden.‹

Ich schaute sie betroffen an. So schwarzes Haar hatte ich bei den Frauen daheim nie gesehen. Später kam ich dahinter: Sie hatte ihr Haar gefärbt.

›Ich bin auch Schwede, Mädchen, mach deinem Landsmann einen starken Kaffee‹, sagte ich.

Als sie in die Küche ging, entdeckte ich auf dem Tisch einen Brief. Er war irgendwo in Kanada abgestempelt. Die Anschrift lautete: ›Mrs. Viola Widegren.‹

Der Brief war in finnischer Sprache geschrieben, die wir Schweden ja alle verstehen. Er begann mit den Worten: ›Hyvää Tyttö‹ (das heißt: Liebes Mädchen).

Ich konnte nicht weiterlesen, denn das Mädchen kam wieder zurück. ›Sag mal, heißt du nun eigentlich Rose-Marie oder Viola?‹ fragte ich sie scherzhaft.

Sie wurde kalkweiß im Gesicht. ›Das ist mein Brief‹, schrie sie mich an. ›Er ist an mich gerichtet und geht dich gar nichts an.‹

Ich konnte mir damals nicht erklären, warum sie so wütend wurde. Ich wußte ja nicht, was in Schweden geschehen war. Im übrigen war mir ihr Name auch völlig egal. Ich war ein Seemann, der seinen letzten Abend in Vancouver mit einem Mädchen verbringen wollte.

Später kam sie von selbst noch einmal auf ihren Namen zu sprechen. Sie heiße tatsächlich Viola Widegren. Ein Freund habe sie vor Jahren nach Stockholm gebracht. Von dort aus habe sie ein neuer Geliebter, ein Finne, über den Atlantik geschmuggelt. Von Montreal war sie nach Vancouver gekommen und in Chinatown gelandet.

›So einfach ist das‹, sagte sie lachend und umarmte mich dabei so fest, wie es die Mädchen von Chinatown sonst niemals tun.

Hätte ich damals gewußt, was sich in Schweden ereignet hatte, wäre ich sofort zum Konsulat gegangen . . .«

Die schwedischen Polizeibehörden ließen Perssons Angaben in Vancouver nachprüfen. Die Informationen aus Kanada brachten ihnen die Gewißheit, daß Birger Persson die Wahrheit gesagt hatte. Birger Persson und Carl Widegren, den man in den scheußlichsten Verdacht und um seinen guten Ruf gebracht hatte.

Carl Widegren wurde nun endlich – nach sechs Jahren – rehabilitiert. Er konnte wieder freier atmen, aber der Kummer um seine verlorene Tochter Viola blieb.

Er sah sie nie wieder.

Der Mörder schrieb Liebesbriefe

Einer der gefährlichsten Verbrecher, die von Interpol entlarvt wurden, war der Engländer Donald Hume. Als er im Jahre 1959 in Zürich dingfest gemacht und verurteilt wurde, schrieben die Zeitungen: »Laßt dieses Ungeheuer nie wieder frei.« Die Forderung war nur zu berechtigt.

Donald Hume war ein Teufel in Menschengestalt.

Er liebte das mondäne Leben, war heute in London, morgen in New York und dann wieder in Paris. Er flog erster Klasse, fuhr die teuersten Wagen und stieg nur in ersten Hotels ab. In seinen besten Zeiten umgab er sich mit schönen Frauen, deren Herzen man nur mit Brillanten erobern kann.

Um sich diesen großspurigen Lebensstil zu ermöglichen, ging Donald Hume über Leichen. »Er ist ein Mann, der sich krampfhaft bemüht, etwas Besonderes darzustellen. Ein Menschenverächter, wie er im Buch steht. Ein Mensch ohne jedes Mitgefühl«, sagte ein Gerichtspsychologe über ihn.

Aber er konnte auch lieb sein, richtig lieb und nett und bescheiden. Diese Charakterzüge kehrte er freilich erst hervor, als er – nahezu völlig pleite – nach Zürich gekommen war. Und wahrscheinlich gibt es nur einen Menschen, der den »lieben« Donald Hume kennengelernt hat: die Friseuse Trudi Sommer aus Zürich.

Trudi Sommer war dem eleganten, gutaussehenden Hume (damals 37 Jahre alt) zum ersten Mal in einem Tanzlokal begegnet. Am Pfingstmontag 1958.

»Er war so nett zu mir«, erinnerte sich Trudi später, als sie die brutale Wahrheit über ihn erfahren hatte, »ein Kavalier vom Scheitel bis zur Sohle – ja, ich liebte diesen Donald Hume.«

Donald Hume stellte sich der schönen Schweizerin unter falschem Namen vor. Er heiße Stephen Bird und sei Testpilot. Sein Beruf bringe es mit sich, daß er häufig im Ausland unterwegs sein müsse.

Der schmucke Testpilot wurde für Trudi der Inbegriff ihres Lebens. Nach einer ersten, gescheiterten Ehe abgrundtief enttäuscht, träumte sie vom großen Glück an der Seite des Stephen Bird. Sie führte ihn in ihr Elternhaus ein, und kurz vor seiner letzten, grausamen Tat gingen die beiden zum Standesamt, um ihr Aufgebot zu bestellen.

An der Anschlagtafel des Züricher Standesamtes konnte man unter der Rubrik »Eheverkündigungen« lesen:

»Ihr Eheversprechen haben angemeldet:

Bird, Stephen, Flugzeugingenieur, britischer Staatsangehöriger, wohnhaft in Montreal, Kanada.

Sommer, Trudi, von Madiswil BE, Zürich.«

Sie vermißte ihn sehr, wenn er auf »Geschäftsreisen« war. Und ihr einziger Trost waren in den Wochen des Alleinseins die herzerwärmenden Briefe, die er ihr aus aller Welt schrieb. Briefe wie diesen, den sie aus Montreal bekam: »Meine liebe Trudi, ich wünschte, ich wäre bei Ihnen. Ich denke immer an Sie, und ich sehne den Tag herbei, an dem ich wieder mit Ihnen zusammen bin. Ich werde bald wieder bei Ihnen sein, und dann möchte ich Sie nach Kanada mitnehmen . . .«

Das zurückhaltende »Sie« und »Ihnen« ließ er bald fallen. Aus New York meldete er sich: »Mein Liebling Trudi! Du kannst nicht annähernd fühlen, wie ich Dich vermisse und wie sehr ich Dich liebe. Jetzt, da ich nicht da bin, kannst Du über mich nachdenken, und wenn Du mich für immer haben willst, werde ich alles tun, um Dich glücklich zu machen . . .«

Trudi Sommer wollte ihn haben. Sie wollte diesen Mann, der so gefährlich lebte, daß sie sich während seiner Abwesenheit vor Angst verzehrte. Sie sah ihn im Geist, wie er als Testpilot in tollkühnen Loopings und Wendekurven schallschnelle Düsenmaschinen einflog, und ihr fiel jedesmal ein Stein vom Herzen, wenn sie ihn wieder wohlbehalten bei sich hatte.

Daß er in Wirklichkeit einem viel gefährlicheren Geschäft nachging, ahnte sie nicht.

Und da sie von dem damals desolaten Zustand seiner Finanzen ebenfalls nichts wußte, machte sie sich auch keine Gedanken darüber, womit er seine Flugreisen über den Atlantik finanzierte.

Dieses Geheimnis lüftete – nach seiner Verhaftung – erst die Interpol. Hume benutzte – mit einer amerikanischen Uniform und gefälschten Marschpapieren ausgestattet – die Lufttransporter der US-Army.

Am Morgen des 29. Januar 1959 hieß es für Trudi Sommer wieder einmal Abschied nehmen. »Ich muß nach Kanada, um mir dort endlich einen ruhigeren Job zu verschaffen. Wenn ich zurückkomme, wird geheiratet, und dann geht's auf in die Neue Welt«, machte Bird-Hume seiner Braut Mut.

Er fuhr nicht nach Kanada. Er hatte anderes im Sinn. Er wollte endlich wieder zu Geld kommen. Zu viel Geld. Sein Plan stand fest.

Den Vormittag des 29. Januar verbringt er – wie er später vor Gericht aussagt – damit, daß er in den Straßen Zürichs herumwandert.

Am Nachmittag betritt er die anglikanische Kirche. Er bleibt dort, und als die Nacht kommt, legt er sich in der Sakristei schlafen. Seine Manurhinpistole hat er in Reichweite.

Hume vor Gericht: »Ich habe nicht viel geschlafen in dieser Nacht.«

Der Morgen des 30. Januar dämmert heran. Hume wacht mit schwerem Kopf auf. Daran mochte der Meßwein schuld sein, den er sich am Abend genehmigt hatte.

Hume rasiert sich und bereitet sich ein kleines Frühstück. Er findet einen kleinen Karton, und den nimmt er mit. Der Pappbehälter soll ihm – so hofft Hume – gute Dienste erweisen.

Wieder beginnt Hume seinen ruhelosen Marsch durch Zürichs Straßen. Kein Mensch beobachtet ihn, kein Mensch ahnt, daß der elegant gekleidete, gutaussehende Mann in dem Karton unter dem Arm eine scharfgeladene Pistole trägt.

Gegen 11 Uhr 30 nähert sich Donald Hume der Gewerbebank in der Rämistraße Nr. 23. Genau um 11 Uhr 35 betritt er das Gebäude. Dann geht alles blitzschnell. Mit weit ausholenden Schritten eilt Hume auf den Kassenschalter zu. Seine Hand gleitet in den hinten geöffneten Karton.

Der Hauptkassierer Walter Schenkel beugt sich vor, um den vermeintlichen Kunden nach seinen Wünschen zu fragen. Er kommt nicht dazu.

Die Manurhinpistole in dem Karton bellt zweimal kurz auf. Walter Schenkel wirft seine Hände hoch und bricht zusammen. Leberdurchschuß!

Donald Hume springt über den marmornen Zahltisch. Dem Hilfskassierer Hug wirft er einen Papierkorb zwischen die Beine.

Das reicht nicht aus, der Angestellte, obwohl ein älterer Mann, setzt sich erbittert zur Wehr. Donald Hume packt ihn und schlägt ihn mit dem Knauf seiner Pistole bewußtlos.

Gierig stürzt sich der Bandit auf die Kasse und rafft das Geld zusammen. Es ist nicht viel, es sind – wie man später feststellt – genau 215 Franken.

Aber da ist noch das Sicherheitsfach, das durch ein Stahlgitter verschlossen ist. Der Schlüssel steckt im Schloß, Hume dreht ihn herum, seine ganze Aufmerksamkeit ist jetzt auf das viele Geld konzentriert, das er zum Greifen nahe vor sich sieht.

Hume denkt nicht mehr an die beiden Kassenbeamten. »Die haben genug«, glaubt er und schreckt erst verwirrt hoch, als die Alarmsirene losheult. Trotz seiner schweren Verwundungen hat sich Hauptkassierer Walter Schenkel an den Alarmknopf herangerobbt und mit letzter Kraft daraufgedrückt.

Hume zerdrückt einen gräßlichen Fluch zwischen den Zähnen. Sein brutaler Plan ist gescheitert. Jetzt gibt es nur noch eines: Flucht.

Ein verzweifelter Sprung über den Zahltisch, dann stürzt Hume zum Ausgang und jagt mit pfeifendem Atem durch die engen Straßen der Züricher Altstadt.

Es ist Freitag, der 30. Januar, 11 Uhr 39. Seit dem Banküberfall sind genau vier Minuten verstrichen.

Trudi Sommer wähnt ihren Verlobten auf dem Weg nach Kanada. Sie ahnt nicht, daß das Glück, von dem sie träumt, bereits zerbrochen ist. Sie kann nicht wissen, daß ihr Bräutigam um diese Zeit durch die Altstadt hetzt.

In einem Hauseingang sucht Donald Hume Unterschlupf. Er hört die Sirenen der Streifenwagen und die Rufe der Passanten: »Haltet ihn!« Seine Verfolger kommen näher, Hume drückt sich in die schmale Kluft zwischen der offenen Haustür und der Wand. Die Hand, in der er die Pistole hält, wird feucht.

Hume horcht angespannt. Wird der Lärm seiner Verfolger nicht schwächer? Ja, sie sind vorbei. Er hat noch eine Chance.

Nach allen Seiten sichernd tritt er in die Gasse. Er sieht den jungen Mann nicht, der schräg gegenüber an der Ecke steht. Aber der Bursche, ein Lehrling der Gewerbebank, gerade neunzehn Jahre alt, sieht ihn. Und er schreit: »Da ist er. Haltet ihn!«

Der Taxichauffeur Arthur Maag stellt sich dem Banditen in den Weg. Er bezahlt seine mutige Tat mit dem Leben.

Wild um sich schießend, versucht Donald Hume sich den Weg

freizukämpfen. Aber seine Verfolger holen auf. An ihre Spitze hat sich ein Mann gesetzt, der von Beruf Koch ist und einen Namen trägt, der ihm nicht gerecht wird.

Der mutige Koch heißt Angstmann. Gustav Angstmann.

Als Hume die letzte Patrone verschossen hat, ist ihm Angstmann auf Schritte nahegekommen. Mit einem letzten gewaltigen Satz stürzt er sich auf den Killer und überwältigt ihn. Wenige Minuten später klicken Handfesseln um Humes Gelenke.

Auf dem Hechtplatz liegt Taxifahrer Arthur Maag. Für ihn kommt jede Hilfe zu spät. In den Krankenanstalten kämpfen die Ärzte um das Leben des Hauptkassierers Walter Schenkel. Sie entreißen ihn den Klauen des Todes. Bis zum Prozeß gegen Hume im September 1959 ist Schenkel so weit hergestellt, daß er gegen den kaltblütigen Revolverhelden aussagen kann.

Aber noch bevor es zu diesem Prozeß kommt, macht die Polizei mit Hilfe von Interpol eine sensationelle Entdeckung.

Vor dem Züricher Polizeihauptquartier ballte sich eine Traube erregter Menschen. Drohende Fäuste reckten sich in ohnmächtiger Wut gegen die Fensterfront, hinter der man den verhafteten Donald Hume vermutete.

Einzelne Schreie wurden laut: »Keine Gnade für den Gangster ... Gebt ihn 'raus! Schlagt ihn tot!«

Die wütenden Sprechchöre drangen bis in den Vernehmungsraum. Donald Hume hörte sie, und er konnte sich gratulieren, daß ihn die Polizei rechtzeitig in Gewahrsam genommen hatte.

Es gab keinen Zweifel: Die empörte Menge hätte ihn gelyncht.

Den Killer Hume beeindruckte dies keineswegs. Was ihm hingegen ernsthaft Kopfzerbrechen bereitete, war die Frage, wie er es anstellen müsse, um so billig wie nur irgend möglich davonzukommen. Und da er darauf noch keine Antwort gefunden hatte, beschloß er, sich vorerst in Schweigen zu hüllen.

So kam es, daß die Polizei von Zürich am Nachmittag des 30. Januar noch keine blasse Ahnung hatte, was für einen berüchtigten Gangster sie in Händen hatte.

»Wie heißen Sie? ... Nun reden Sie doch ... Sie verschlimmern nur Ihre Lage ...«

Keine Antwort.

Die Kriminalbeamten versuchten es auf deutsch und französisch, englisch, polnisch und russisch.

Der Mörder blieb stumm.

Der Polizeifotograf kam und machte seine Routineaufnahmen. Man packte die Hände des widerstrebenden Hume und nahm ihm Fingerabdrücke ab. Fotos, Fingerabdrücke und Personalbeschreibung wurden umgehend an das Generalsekretariat der Interpol in Paris geschickt. Vielleicht konnten die berühmten Pariser Kollegen den schweigsamen Mörder identifizieren.

Dazwischen wieder die stereotypen Fragen: »Wie heißen Sie? ... Wer sind Sie? ... Woher stammen Sie?«

Endlich, es ging schon auf den Abend zu, kamen die ersten Worte über die Lippen des Verhafteten: »Bitte, geben Sie mir eine Zigarette.« Er sprach englisch.

»Sie bekommen Ihre Zigarette, wenn Sie unsere Fragen beantwortet haben.«

»Nun gut, ich will reden. Ich heiße John Stanislaw.«

»Wie alt?«

»Fünfunddreißig Jahre.«

»Nationalität?«

»Amerikaner. Meine Eltern wanderten aus Polen in die Vereinigten Staaten ein und nahmen die amerikanische Staatsbürgerschaft an. Aber, bitte, geben Sie mir eine Zigarette. Ich sage sonst kein Wort mehr.«

Gierig sog er den Rauch in die Lungen. Die Beamten ließen ihm Zeit, denn nun wußten sie, daß er sprechen würde, und sei es auch nur, um seinen Zigarettenhunger zu stillen.

»Ich bin vor drei Tagen nach Zürich gekommen«, begann er schließlich. »Bis dahin habe ich als Zivilangestellter bei der amerikanischen Luftwaffe in Wiesbaden gearbeitet.«

»Was wollten Sie in der Schweiz?«

»Ach, wissen Sie«, der Mörder brachte es tatsächlich fertig, den Beamten verständnisheischend zuzuzwinkern, »die Frauen. Zu viele Freundinnen, zu viele Ausgaben. Ich war einfach pleite. Ganze fünf Dollar hatte ich in der Tasche, als ich in Zürich ankam.«

»So, so, weil Sie pleite waren, kamen Sie in die Schweiz. Was brachte Sie auf diese Idee?«

»Ich wollte einen neuen Start versuchen. Man hatte mir gesagt, die Schweizer seien hilfsbereite Leute. Die fünf Dollar waren schnell ausgegeben. Ich hatte Hunger. Da packte mich die Verzweiflung. Ich wollte Selbstmord begehen, aber ich hatte Angst. Nun beschloß ich, eine Bank auszurauben. Ich wollte nur das Geld. Ich wollte nicht töten. Das müssen Sie mir glauben.

Aber als sich mir der Taxifahrer in den Weg stellte, erfaßte mich eine Panik. Und ich schoß. Ich bereue es aus ganzem Herzen.«

Das klang wie ein volles Geständnis eines reumütigen Täters. Aber die Geschichte hatte zu viele Lücken, zu viele faule Stellen, als daß sie die Beamten hätte überzeugen können. Sie bohrten weiter, sie wollten mehr wissen, doch Donald Hume alias John Stanislaw ließ sich nicht davon abbringen: Er habe aus Verzweiflung und in panischer Angst getötet.

Nach seinem ersten Verhör wurde Donald Hume in eine Zelle des Polizeigefängnisses gesperrt. Zwei schwerbewaffnete Beamte bezogen davor Posten ...

In dieser Nacht konnte die Züricher Hausfrau Maag keinen Schlaf finden. Immer wieder wurde sie von Weinkrämpfen geschüttelt, wenn sie an das dachte, was sie nicht fassen konnte: Plötzlich und unerwartet hatte sie ihren geliebten Mann verloren, den Taxifahrer Arthur Maag.

Arthur Maag war wie ein Held gestorben. Ganz Zürich trauerte um seinen braven Bürger, und eine Welle warmen Mitgefühls schlug der jäh ins Unglück gestürzten Familie entgegen. Aber was bedeutete das schon gegenüber dem Schmerz einer jungen Frau, die mit der brutalen Gewißheit fertig werden muß, daß ihr Mann nie wieder nach Hause kommen wird, zu ihr und ihrem kleinen Sohn?

Durch seine brutale Tat hatte Donald Hume jedoch nicht nur die glückliche kleine Welt der Familie Maag für immer zerstört. In Zürich lebte noch die junge hübsche Frau, die von Hume grausam um ihre schönsten Hoffnungen betrogen wurde: Trudi Sommer.

Freilich, in dieser ersten Nacht nach dem Mord ahnte Trudi Sommer noch nicht, daß auch sie bald würde weinen müssen.

Sie träumte noch von ihrem Glück. Bald würde sie verheiratet sein. Stephen Bird, ihr Bräutigam, schien alle Anlagen zu einem wunderbaren Ehemann zu haben. Trudis Eltern waren der gleichen Meinung.

»Jetzt könnte er eigentlich schon in Kanada sein«, überlegte Trudi. Ob ihr der Postbote schon am nächsten Morgen einen zärtlichen Gruß von Stephen bringen würde?

Trudi Sommer ahnte noch nicht, daß sie die erste Nachricht über ihren Verlobten am anderen Tag den Schlagzeilen würde entnehmen müssen. Sie ahnte noch nicht, daß ihr Bräutigam – der sich ihr unter dem falschen Namen Stephen Bird vorgestellt hatte – ein Mörder war ...

Welche Gedanken den Donald Hume in seiner Zelle bewegten, ist nicht bekannt. Nur so viel steht fest: Er mußte wissen, daß ihm eine harte Strafe drohte. Wahrscheinlich jedoch machte er sich trotzdem Hoffnung, mit einem vergleichsweise milden Urteil davonzukommen. Ein paar Jährchen – wie damals in England, wo er schon einmal gemordet hatte und wo es ihm gelungen war, selbst Scotland Yard und das Geschworenengericht an der Nase herumzuführen.

Gewiß, Donald Hume hatte einige Gründe, sich Chancen auszurechnen. Er hatte mit Gerichten bis dahin nur gute Erfahrungen gemacht.

Allerdings: Wenn er in der Schweiz der Höchststrafe entgehen wollte wie in England dem Galgen, dann durften die Kriminalbeamten nie erfahren, wer er wirklich war. Bekämen sie seine wahre Identität heraus, würden sie ihm kaum noch die Geschichte von dem von Verzweiflung getriebenen armen Strolch abnehmen.

Glaubte er tatsächlich, die Schweizer würden ihm nicht auf die Schliche kommen? Er rechnete zumindest mit der Möglichkeit. »Ich nahm an, daß die Schweiz nicht Mitglied der Interpol ist, sie gehört ja auch nicht den Vereinten Nationen an«, sagte Donald Hume bei einem späteren Verhör.

In einem Punkt waren Humes Überlegungen korrekt: Die Schweiz ist den Vereinten Nationen nicht beigetreten. Falsch hingegen war seine Ansicht, die Eidgenossen seien nicht Mitglied der Interpol.

In der Tat konnte die Interpol Donald Hume identifizieren. Die Mitteilung schlug im Züricher Polizeihauptquartier wie eine Bombe ein. Der Polizeichef persönlich suchte den Bankräuber und Mörder in seiner Zelle auf.

»Sie sind Donald Hume«, sagte er, und es klang vernichtend wie ein Todesurteil.

Die Interpol-Meldung aus Paris brachte das Lügengebäude Humes zum Einsturz. Nein, dieser Mann konnte nicht mit Milde rechnen. Hier handelte es sich um einen der gefährlichsten Berufsverbrecher unserer Zeit und um einen eiskalten Killer obendrein.

Denn: Es war derselbe Donald Hume, der im Jahre 1958 in die Redaktion des Londoner »Sunday Pictorial« gekommen war und seine sensationellen Memoiren feilgeboten hatte. Die Enthüllungen, für die er umgerechnet 25 000 Mark kassierte, waren geradezu atemraubend aufregend: In ihnen gab er den Mord an dem Autohändler Setty zu, einen Mord, für den er nach englischem Recht nun nicht mehr bestraft werden konnte.

In Humes Memoiren konnte man es schwarz auf weiß lesen, was er vor Gericht mit Erfolg geleugnet hatte: »Ich killte Setty, ich ganz allein. Ich tat es mit einem SS-Dolch. Hinterher mußte ich lachen.«

Als der damals bereits pensionierte Chef von Scotland Yard, Sir Harold Scott, die Memoiren des Mörders las, erfaßte ihn eine grimmige Genugtuung. Seine Leute waren also auf der richtigen Spur gewesen, damals im Spätjahr 1949 . . .

Im Morgengrauen des 21. Oktober 1949 macht der englische Landarbeiter Sidney Tissen sein Boot flott, um vor der Ostküste Wildenten zu jagen. Er rudert hinaus in die ruhige See, aber noch bevor er zum ersten Schuß kommt, fällt sein Blick auf einen großen, unförmigen Gegenstand, der von der Flut angeschwemmt worden ist.

Tissen rudert näher heran. Der Gegenstand entpuppt sich als ein in graues Packpapier eingewickeltes Paket. Tissen hievt das Strandgut an Bord und öffnet die Verschnürung.

Der Inhalt des Pakets läßt ihn erschauern. Vor ihm liegt die zerstückelte Leiche eines Mannes.

Die sofort herbeigerufene Mordkommission identifiziert den grauenhaften Fund als die sterblichen Überreste des Londoner Autohändlers Stanley Setty. Der Gebrauchtwagenhändler ist seit Tagen bei der Polizei als vermißt gemeldet.

Der Polizeiarzt untersucht die Leiche und kommt zu dem Schluß, daß der tote Setty offenbar mit einem Flugzeug zum Meer transportiert und aus großer Höhe abgeworfen worden ist.

Die Jagd nach dem Mörder geht los, und es sieht so aus, als sollte sie schon bald von Erfolg gekrönt sein. Der Direktor eines Flugplatzes sagt aus, ein junger Mann, der ein graues Paket mit sich herumschleppte, habe sich vor Tagen kurzfristig ein Sportflugzeug ausgeliehen.

Die Personenbeschreibung, die der Flugzeugvermieter gibt,

paßt haargenau auf einen Mann aus dem engsten Bekanntenkreis des ermordeten Stanley Setty – auf Donald Hume.

Dieser Donald Hume hat seine Spuren bereits im Strafregister und den Karteien der Polizei hinterlassen. Im Krieg hat er sich Uniform und Papiere eines Offiziers der Royal Air Force ergaunert und mit gefälschten Dokumenten die Magazine der Luftwaffe geplündert. Die lächerlich geringe Strafe, die er dafür erhielt, ist kaum dazu angetan, ihn zu einem arbeitsamen Leben zu erziehen. Nach dem Krieg beginnt er einen schwunghaften Alkoholschmuggel und Schwarzhandel, macht ein kleines Vermögen und bringt es wieder durch.

Im Sommer 1949 pfeifen es die Spatzen von den Dächern, daß Donald Hume pleite ist. Seine Frau, die schöne und anspruchsvolle Cynthia, die einst hoffte, mit Hume einen Goldfisch geangelt zu haben, verläßt ihn.

Im Herbst 1949 jedoch sind Humes Geldnöte mit einem Schlag behoben. Er zahlt eine große Summe auf sein Bankkonto ein, und das just zu der Zeit, in der Stanley Setty auf mysteriöse Weise verschwindet.

Ein Zufall? Die Detektive von Scotland Yard glauben nicht daran. Sie sind überzeugt, daß Humes Guthaben aus der Barschaft des Stanley Setty stammt, der am Tage seines Todes umgerechnet 12 000 Mark bei sich getragen haben soll.

Als Scotland Yard bei einer Haussuchung in Humes Wohnung schließlich noch Blutspuren findet, gilt Donald Hume endgültig als überführt.

»Gestehen Sie, Mister Hume! Gestehen Sie, den Autohändler Stanley Setty ermordet zu haben!«

Donald Hume gesteht nicht. Vielmehr tischt er den Scotland-Yard-Männern eine abenteuerliche Geschichte auf. Drei geheimnisvolle Unbekannte – so gibt Hume zu Protokoll – hätten sich unlängst an ihn herangemacht, ob er nicht gegen gute Bezahlung ein Paket im Meer versenken wolle.

»Da ich gerade in einer Klemme steckte, sagte ich zu. Ich muß aber gestehen, daß mir die Sache nicht geheuer vorkam. Ja«, Hume gibt sich zerknirscht, »ich habe sogar geahnt, was in dem Paket verborgen war. Eine Leiche.«

»Wer waren Ihre Auftraggeber?«

»Wie ich schon sagte, ich kenne sie nicht. Sie nannten sich ›Green‹, ›Mac‹ und ›Boy‹. Mehr weiß ich nicht.«

Kein Mensch im Yard nimmt ihm dieses Märchen ab. Die einmütige Meinung der Detektive: Die drei angeblichen Auftraggeber haben nie existiert. Hume ist der Täter.

Aber Hume bleibt bei seiner zweifelhaften Aussage. Er ergänzt sie nicht, er widerspricht sich nicht, und als er schließlich vor den Schranken des Londoner Kriminalgerichts Old Bailey erscheinen muß, zieht er vor den Geschworenen eine ganz große Schau ab. O ja, er weiß, wie man die Herzen der Geschworenen erweicht.

Er erzählt ihnen in bewegter Klage von seiner unglücklichen Kindheit, von seiner Mutter, die einen üblen Ruf genoß, und von seinem Vater, den er nie gekannt ... Die schreckliche Zeit im Waisenhaus ... Und dann die größte Enttäuschung seines jungen Lebens: Er meldet sich im Krieg zu den Waffen, und die Air Force will ihn nicht haben.

Raffiniert drückt er auf die Tränendrüsen der Geschworenen und offenbart ihnen seine zarte Seele: »Ich liebe Tiere und Kinder.«

Spricht so ein Mörder?

Der Jury kommen Zweifel, und das ist das Beste, was Donald Hume erreichen kann.

Trotz aller erdrückenden Beweise fällt das Gericht ein Urteil, das die Scotland-Yard-Detektive mit Ingrimm erfüllt: Donald Hume wird von der Mordanklage freigesprochen und lediglich wegen Beteiligung nach der Tat – also für die eingestandene Beseitigung der Leiche – zu zwölf Jahren Zuchthaus verurteilt.

Hume führt sich gut hinter Gittern. Bereits acht Jahre später – Anfang 1958 – öffnen sich ihm die Zuchthaustore. Wieder braucht er dringend Geld, und er glaubt auch zu wissen, wo er es diesmal legal bekommen kann. Er geht in die Redaktion des »Sunday Pictorial« und verkauft sein Geständnis für teures Geld.

»Ich killte Stanley Setty, weil er sich mit meiner Frau eingelassen hatte. Ich tat es, ich ganz allein ...«

Er kann den Scheck getrost einlösen. Mag auch die Öffentlichkeit über sein zynisches Geständnis schockiert und empört sein, er ist dem Galgen entronnen. Nach englischem Recht darf nämlich kein Bürger wegen derselben Straftat zweimal vor Gericht gestellt werden.

Sir Harold Scott, der pensionierte Scotland-Yard-Chef, kommentiert: »Eine unrechte Sache. Aber da läßt sich nichts mehr machen. Das Gesetz ist auf seiten Humes.«

Das Gesetz auf seiten eines teuflischen Killers.

Nach deutschem Recht wäre Donald Hume seiner verdienten Strafe nicht entgangen. In Deutschland hätte dieser intelligente Verbrecher allerdings auch schwerlich ein Geständnis veröffentlicht.

Am Morgen des 31. Januar 1959 wartete die Friseuse Trudi Sommer vergeblich auf einen Kartengruß ihres Verlobten Stephen Bird. Für einen Moment fühlte sie Enttäuschung, denn es war Samstag, und sie würde nun bis Montag auf ein verliebtes Lebenszeichen warten müssen.

Trudis Enttäuschung wich jedoch schnell der Einsicht, daß sie noch gar keine Post erwarten konnte. Stephen war erst am Donnerstag nach Kanada abgeflogen, und selbst ein Luftpostbrief brauchte seine Zeit. Auch für Verliebte geht's bei der Post nicht so schnell.

Frohen Mutes verließ sie ihre Wohnung und ging die Treppen hinunter zum Erdgeschoß des Hauses am Züricher Russenweg, wo sie einen Damensalon betrieb.

Die ersten Kundinnen kamen und erregten sich über die erschütternde Nachricht in den Morgenzeitungen: »Haben Sie schon gelesen? ... Einfach grauenvoll ... Am hellichten Tag mitten in Zürich ... Die arme Frau Maag ...«

Trudi Sommer wußte nicht, wovon die Damen sprachen.

»Wie, Sie haben noch nichts von dem Banküberfall gehört?« fragte eine Kundin verwundert und drückte ihr eine Zeitung in die Hand. »Hier, bitte, lesen Sie.«

Trudi Sommer sah die Zeitung und erstarrte.

Das Blatt berichtete groß aufgemacht von Bankraub, Mordversuch und Mord. Es brachte auch ein Bild des Täters. Er hieß angeblich John Stanislaw, stand darunter.

Aber der Mann, der sich John Stanislaw nannte, war kein anderer als Stephen Bird, ihr Bräutigam.

Trudi Sommer ließ ihre verdutzte Kundin sitzen, hastete die Treppen hinauf in ihre Wohnung, wo auch Stephen Bird gelebt hatte, wenn er sich nicht gerade auf »Geschäftsreisen« befand.

»Es kann nicht wahr sein. Stephen muß einen Doppelgänger haben«, redete sich Trudi ein, aber als sie das Bild ihres Bräutigams auf dem Nachttisch stehen sah, zerplatzten ihre verzweifelten Hoffnungen wie Seifenblasen.

Es konnte kaum noch einen Zweifel geben: Stephen Bird, ihr Stephen, war der Mörder, den ganz Zürich verfluchte.

Trudi öffnete eine Schublade. Da lagen die Liebesbriefe, die Stephen während seiner vielen Reisen geschrieben hatte. Welch schöne zu Herzen gehende Worte er gefunden hatte! Konnte ein Mörder so zärtlich sein?

»Ich muß mir Gewißheit verschaffen«, sagte Trudi zu sich selbst und nahm ein Taxi zum Polizeipräsidium. Dort wurde ihr traurige Gewißheit.

Polizeibeamte begleiteten Trudi nach Hause. Sie durchsuchten Donald Humes Koffer und Kleidungsstücke. Im Futter eines Handschuhs versteckt, fanden sie einen Gepäckaufbewahrungsschein des Züricher Hauptbahnhofs.

Das aufbewahrte Gepäck enthielt unter anderem ein Notizbuch, in dem viele Namen, Anschriften und Daten standen. Es waren sehr aufschlußreiche Eintragungen.

Die Nachricht von der Verhaftung und Entlarvung Donald Humes ging als eine Sensation ersten Ranges um die Welt. Sie erregte Abscheu und Empörung, aber einer Frau, der damals fünfundzwanzigjährigen Engländerin Margaret Kirby, fiel ein Stein vom Herzen. Endlich brauchte sie nicht mehr um ihr Leben zu bangen.

Margaret Kirby hatte massive Gründe gehabt, um ihr Leben zu bangen; denn sie war Augenzeugin dessen gewesen, was Donald Hume auf seinen sogenannten Geschäftsreisen trieb.

Augenzeugin Margaret war Angestellte der Londoner Midland Bank und arbeitete in einer Filiale an der Great West Road, die die Londoner City mit dem Flughafen verbindet.

Am 2. August 1958 betrat ein gutgekleideter, gutaussehender Mann kurz vor Büroschluß die Bank, schoß den Kassierer nieder und raubte an die 2500 englische Pfund (umgerechnet etwa 30 000 Mark).

Starr vor Angst hatte Margaret Kirby den Überfall aus nächster Nähe beobachtet. Sie lieferte Scotland Yard eine ausgezeichnete Personenbeschreibung. Sie wurde in den Yard bestellt und identifizierte den Täter in der Verbrecherkartei: Donald Hume.

Am 12. November desselben Jahres war die Midland-Filiale in der Londoner Great West Road schon wieder in den Schlagzeilen.

Ein neuer Überfall! Der Täter geriet in ein Handgemenge mit dem Bankdirektor. Der Bankräuber zog eine Pistole und verletzte den Filialleiter schwer. Diesmal mußte sich der Gangster mit einer wesentlich geringeren Beute zufrieden geben.

Wieder war es Margaret Kirby, die den Banditen identifizierte: Donald Hume.

Margaret Kirby war die einzige Belastungszeugin gegen Hume. Würde er nicht versuchen, sie um jeden Preis zum Schweigen zu bringen? Die Gefahr war nicht von der Hand zu weisen. Scotland Yard schätzte sie für so groß ein, daß man Margaret mit einem schützenden »Schatten« versah.

Für Donald Hume in der Züricher Zelle gab es nun nicht mehr viel zu leugnen. Selbst die Überfälle auf die Londoner Bank mußte er zugeben – aufgrund der Aussagen Margaret Kirbys und seiner Notizen, die man in seinem Gepäck am Züricher Hauptbahnhof gefunden hatte.

Und so gab er schließlich ein »Geschäftsgeheimnis« preis, für das sich Scotland Yard brennend interessierte: Wie es ihm gelungen war, England nach seinen Banküberfällen zu verlassen, obwohl die Grenzen gesperrt waren und alle auslaufenden Schiffe und abfliegenden Passagiermaschinen von der Polizei kontrolliert wurden.

Es war – wie Hume gestand – geradezu unglaublich einfach. Hume, der schon im Weltkrieg als falscher Fliegeroffizier sein Unwesen getrieben hatte, besorgte sich Uniform und Papiere eines US-Leutnants und reiste mit der United States Air Force. Deren Flugzeuge wurden freilich von der englischen Polizei nicht unter die Lupe genommen.

Gab es auch nichts mehr zu leugnen, so versuchte Donald Hume doch im Verlauf der Voruntersuchung – und später im Prozeß –, sich in ein einigermaßen günstiges Licht zu rücken.

Einmal überraschte er die Ermittlungsbeamten mit der Ankündigung, er wolle ein Buch schreiben, dessen Erlös voll und ganz der Witwe des von ihm gemeuchelten Taxifahrers Arthur Maag zufließen sollte. Man möge daraus, bitte, ersehen, wie tief und aufrichtig er bereue.

Dann wieder sprach er mit tränenerstickter Stimme von seiner großen Liebe zu Trudi Sommer. Nur ihretwegen habe es ihn immer wieder nach Zürich gezogen. Trudi und ihre Eltern seien die ersten Menschen gewesen, die ihn verstanden hätten. Nach dem letzten Weihnachtsfest in ihrem Kreis sei er tief in sich gegangen. Er sei einst überzeugter Kommunist gewesen, aber durch Trudis Eltern habe er wieder zur Religion gefunden.

Donald Hume wörtlich: »An diesem Weihnachtsfest 1958 wurde mir klar, daß man mit der Pistole in der Hand nicht ins Paradies kommt.«

Und doch hatte er schon fünf Wochen später wieder zur Pistole gegriffen. »Wie erklären Sie diesen Widerspruch, Mister Hume?«

Die Antwort, die Hume darauf gab, war bezeichnend genug: »Als ich den Kassenboten (bei dem letzten Banküberfall in London) mit der Pistole bedrohte, log er mich an. Er behauptete, im Tresor sei kein Geld, nur Geschäftsbücher lägen darin. Jetzt erfahre ich, daß ein Vermögen dort lag. Hätte ich es damals bekommen, dann würde der Taxifahrer Maag heute noch leben. Dann wäre ich nie auf die Idee gekommen, diesen lächerlichen Einbruch in die Gewerbebank zu unternehmen.«

Na klar, die anderen waren wieder einmal an den Untaten des vom Unglück verfolgten Donald Hume schuld. Der Kassierer in London hatte den Taxifahrer Maag auf dem Gewissen.

Das ist die Logik Donald Humes!

Die Gerichtspsychologen, die sich den Banditen während der gerichtlichen Untersuchung vornahmen, ließen sich denn auch keine Sekunde von den rührseligen Erzählungen Humes blenden.

Ihr Gutachten war vernichtend: »Hume ist nicht nur ein Schauspieler sondergleichen, er ist auch ein Lügner ohne jedes Schamgefühl. Seine große Intelligenz bewies er bei den Verhören, wobei es ihm oft gelang, die Fragesteller in eine ›Sackgasse‹ zu führen. Doch trotz seiner zuweilen unüberbietbaren Arroganz macht Hume eher den Eindruck einer schwachen Natur, eines Menschen, dem es nicht möglich ist, sich anders zu behaupten als mit der Waffe in der Hand.«

Weiter attestierten die Psychologen dem Untersuchungshäftling Hume einen abnormen Geltungstrieb. Daß er immer wieder knapp bei Kasse war, hatte er seiner Sucht zuzuschreiben, wie ein reicher Müßiggänger zu leben.

Immerhin hatte er in dem knappen Jahr zwischen seiner Entlassung aus dem Zuchthaus und dem Banküberfall in Zürich 25 000 Mark für seine »Memoiren« verdient und obendrein fast 30 000 Mark geraubt. Und das alles hatte er auf seinen Flügen von Kontinent zu Kontinent durchgebracht. (Die Polizei nimmt allerdings an, daß sich Hume bei seinen Reisen nach New York, Montreal, Los Angeles nicht nur dem High Life hingab, sondern auch weitere Verbrechen beging, die nicht aufgeklärt wurden.)

30. September 1959. Der letzte Akt des blutigen Gangsterdramas »Donald Hume« beginnt. Von schwerbewaffneten Polizisten bewacht, wird der gefürchtete Bandit vor seine Richter im Schwurgerichtssaal von Winterthur geführt, um nach dreitägiger Verhandlung das Urteil zu hören.

Donald Hume ist elegant gekleidet. »Wie ein Gast auf einer Gartenparty«, bemerkt ein Journalist.

Unbewegt nimmt er zur Kenntnis, daß ihn das Gericht für schuldig befunden hat des Mordes, des Mordversuchs und des Bankraubes. Kein Muskel zuckt in seinem Gesicht, als der Vorsitzende die Strafe verkündet: Lebenslänglich Zuchthaus.

Der Gerichtsvorsitzende beugt sich über den Richtertisch, fast väterlich spricht er auf den Angeklagten ein: »Nachdem es in den letzten Tagen möglich gewesen ist, einen gewissen menschlichen Kontakt mit Ihnen zu finden, möchte ich Ihnen noch einen kleinen Ratschlag auf den Weg zum Strafantritt mitgeben. Ein Verurteilter erträgt eine Strafe um so leichter, je gutwilliger er sie auf sich nimmt. Ich hoffe, daß Sie das Urteil als eine gerechte Sühne empfinden.«

Von Journalisten befragt, ob er irgendwelche Pläne für die Zuchthausjahre habe, antwortete Hume: »Ich will Trompete spielen lernen, damit neuer Schwung in die Zuchthauskapelle kommt.«

Ein Zarenenkel auf Abwegen

Der Angeklagte starrte mit angstgeweiteten Augen zum Richtertisch. Er hatte den furchtsamen Blick eines Patienten, der, von entsetzlichen Ahnungen verfolgt, seinen Arzt fragt: »Sagen Sie mir bitte die Wahrheit, Herr Doktor. Habe ich Krebs?«

Es waren die Augen eines Mannes, der sein Todesurteil erwartet.

Als dann der Vorsitzende der Großen Strafkammer das Urteil verkündete, entspannten sich die kranken, blassen, verlebten

Züge des Mannes auf der Anklagebank. Es gelang ihm sogar, ein charmantes Lächeln hervorzuzaubern. Mit einer aristokratisch knappen Verbeugung wandte er sich an seine Richter vom Berliner Landgericht und säuselte: »Danke schön.«

Daß sich Alexander Freiherr von Lüdinghausen-Wolff dem Gericht zu herzlichem Dank verpflichtet fühlte, vermochte niemand im Saal zu überraschen. Wäre nämlich der Staatsanwalt mit seinem Strafantrag durchgedrungen, dann hätte das Urteil nicht nur auf dreieinhalb Jahre Zuchthaus gelautet.

Dann hätte der verkommene Freiherr, damals vierundfünfzig Jahre alt, den Rest seines Lebens als gefährlicher Gewohnheitsverbrecher in Sicherungsverwahrung verbringen müssen.

»Sicherungsverwahrung wäre für mich gleichbedeutend mit einem Todesurteil gewesen«, bekannte der noch einmal Davongekommene nach der Urteilsverkündung.

Mit dem Urteil des Landgerichts Berlin – ergangen im Oktober 1958 – schien eine in der Kriminalgeschichte einmalige Gaunerkarriere ihr Ende gefunden zu haben. Endlich, so schien es, würden die Hoteliers, Juweliere und Kunsthändler aller Länder Europas aufatmen können. Endlich würde man im Interpol-Hauptquartier zu Paris den Schlußstrich unter die Akte 237/48 ff. setzen.

Diese Akte 237/48 ff. – Kompendium der Taten und Strafen des arbeitsscheuen Barons – ist eine der umfangreichsten in der Verbrecherkartei der Interpol. Natürlich, denn in der fast fünfzigjährigen Geschichte der internationalen Kriminalpolizei hat kaum ein Verbrecher die Interpol-Detektive so unentwegt beschäftigt wie Alexander Freiherr von Lüdinghausen-Wolff.

Im Jahre 1922, ein Jahr vor der Geburt der Interpol, begann er seine Laufbahn als Dieb, Fälscher und Betrüger, und seitdem blieb er bei dieser Art des Broterwerbs. Kaum ein europäisches Land, das er nicht heimgesucht, kaum ein Land, in dem er nicht »gesessen« hätte.

Er besserte sich nie.

Erst 1958, als ihm das »Todesurteil« der Sicherungsverwahrung drohte, hatte es den Anschein, als wolle er seinen ruchlosen Lebenswandel tatsächlich ändern.

»Ich bin zu alt und zu krank, um noch etwas Unredliches zu tun«, beschwor er seine Richter mit bewegter Stimme. »Wenn ich meine Strafe verbüßt habe, werde ich heiraten. Dann wird mein Leben in neue Bahnen kommen.«

Die Richter glaubten ihm. Sie ließen sich mild stimmen, weil da wirklich eine Frau im Saal saß, die beteuerte, sie sei entschlossen, die Ehe mit dem reuigen alten Sünder einzugehen. Es war eine begüterte Frau, und sie versprach, wenigstens einen Teil des Schadens wiedergutzumachen, den ihr Bräutigam angerichtet hatte.

Die Berlinerin hielt Wort. Der Baron tat es nicht. Bereits im Frühjahr 1959 wieder in Freiheit (das Gericht hatte ihm die Untersuchungshaft angerechnet), ging er keineswegs zum Standesamt. Er liierte sich vielmehr mit einem jungen Mann. Und es sollte sich auch erweisen, daß er sich trotz seiner Krankheit (Tbc) durchaus nicht zu alt fühlte, um »Unredliches zu tun«.

Am 12. Januar 1961 wurde er wieder auf Grund eines Interpol-Fahndungsersuchens dingfest gemacht. An der deutsch-französischen Grenze. Seitdem (und noch 1965, während der Abfassung dieses Buches) sitzt er in Berlin-Moabit in Untersuchungshaft. Die Ermittlungsbehörden haben alle Hände voll zu tun. In den knapp zwei Jahren in Freiheit hat der Gaunerbaron rund 1000 (in Worten: tausend) neue Straftaten begangen.

Diesem kriminellen Rekordmann Alexander Freiherr von Lüdinghausen-Wolff war es freilich nicht an der Wiege gesungen worden, daß er dereinst ein lebenslänglich von Land zu Land gehetzter Verbrecher würde.

Er erblickte das Licht der Welt am glanzvollen Zarenhof zu Petersburg. Sein Vater, der General war, starb, als Alexander fünf Jahre alt war. Über seinen weiteren Lebensweg berichtete der Baron später einmal vor einem deutschen Gericht: »Frühzeitig trat ich in das Pagenkorps des Zaren ein. Als die Revolution kam und ich von den Bolschewiken verschleppt wurde, war ich gerade vierzehn Jahre alt. Drei Jahre später entkam ich mit einem deutschen Dampfer nach Stettin.«

Diese Angaben Lüdinghausens können als gesichert angesehen werden. Erhebliche Zweifel hegt die Polizei jedoch, ob seine Angaben über seine angebliche Blutsverwandtschaft mit dem Haus Romanow stimmen.

Lüdinghausen behauptet, er wäre ein Urenkel des Zaren Alexander I. Als Zarengattin und seine Urgroßmutter benennt er eine Gräfin von Paris-Orléans-Bourbon. Aber Zar Alexander war nie mit einer Gräfin von Paris verheiratet. Seine Gemahlin Jelisaweta Alexejewna war eine geborene Louise Maria Augusta von Baden.

Liegt also über der Herkunft des Betrügerbarons ein Dunstschleier des Ungewissen, sein Lebensweg nach der Flucht aus Rußland bleibt der Nachwelt von keinem Zweifel getrübt erhalten: in den unbestechlichen Akten von Interpol. In der Akte Nr. 237/48 ff.

Im Jahre 1920 landet die Familie von Lüdinghausen – Mutter, Sohn und fünf Schwestern – in Berlin. Ihren Besitz haben sie in Rußland zurückgelassen, wo nun die Bolschewiki regieren. Sie sind arm wie Kirchenmäuse, und sie tun sich schwer, diesen erbärmlichen Zustand zu ändern.

Durch ihre adlige Geburt dem bürgerlichen Broterwerb entfremdet, kommen sie gar nicht erst auf die Idee, sich ihren Lebensunterhalt zu erarbeiten.

Der sechzehnjährige Alexander ist der einzige Mann in der Familie, ist somit ihr »Ernährer«. Er ist ein ausgesprochenes Muttersöhnchen und wird es bis zum Tod der Freifrau bleiben. Er hat von seiner Mutter nicht viel Gutes gelernt.

Die ersten schweren Monate leben die Lüdinghausens von milden Gaben. Ob der Sohn schon damals – von der Mutter angestiftet – krumme Dinge gedreht hat, ist nicht bekannt.

Am 23. Januar 1923 aber muß sich Jung-Alexander zum ersten Mal Fingerabdrücke abnehmen lassen. Er hat, im Verein mit seiner Schwester Vera, bei einem Berliner Juwelier Edelsteine im Wert von vielen tausend Mark ergaunert.

Fast auf den Tag genau neun Monate später – am 22. September – steht der Baron mit seiner Schwester in Moabit vor dem Richter. Und er liefert einen einzigartigen Beweis seiner hohen Intelligenz. Er schafft es, daß man ihn freispricht. Wegen Unzurechnungsfähigkeit.

Schwester Vera aber muß brummen. Zu drei Jahren und sechs Monaten Gefängnis wird sie verdonnert.

Mutter und Sohn hält es nun nicht länger in dem ungastlichen, verständnislosen Berlin. Sie beginnen ihren abenteuerlichen Lebensweg, der gekennzeichnet ist durch Diebstahl, Betrug, Fälschung und Zechprellerei. Und immer wieder Diebstahl, Betrug, Fälschung und Zechprellerei.

Unmöglich, alle Stätten ihres verbrecherischen Wirkens aufzuzählen. 1924 tauchen sie in Danzig auf, wenig später in Wien. Dann lockt sie der sonnige Süden, Triest, Rom und Venedig. Von da in die Schweiz, von der Schweiz nach Paris, Brüssel, Lüttich und wieder Wien. Budapest statten sie einen Besuch ab, setzen sich nach Tirol ab und machen sich schließlich auf nach Portugal und Andorra. Und so weiter, und so weiter. Mailand, Grenoble, Ascona und Berlin, Heidelberg und Baden-Baden.

Fast so zahlreich wie die Tatorte sind die Decknamen, unter denen sie reisen. Meist sind es phantasievolle Adelsnamen, denn sie wissen um den Respekt des kleinen Mannes vor dem blauen Blut. Ein »von« vor dem Namen und gar ein »Freiherr«, das wirkt vertrauenerweckend wie der Scheck eines Notenbankpräsidenten.

Alexander Freiherr von Lüdinghausen nennt sich unter anderem: Nikolaus Konstantin Fürst Galitzine, Günter Arem von Meyndorf, Baron Denkendorf-Soult, Comte de Brilly, Professor Hendrik van der Ellest, Dr. Charles Hilliam-Baud.

In Danzig (1924) hören Mutter und Sohn auf den klangvollen Namen Marconi. Naiven, aber wohlsituierten Bürgern der Hansestadt versuchen sie Ölquellen und Goldlager im Ural zu verkaufen. Noch ehe die Polizei sie greifen kann, sind die Marconis auf und davon.

Auch in Wien, wohin sie sich nun wenden, hält es sie aus begreiflichen Gründen nicht lange. Die Polizei ermittelt gegen sie, weil sie den Vertreter einer großen deutschen Autofirma »betrügerisch schädigten«. Sie sagen der Donaumetropole bei Nacht und Nebel heimlich »Servus« und fahren ins schöne Land Tirol.

In Hall mieten sie sich einen Wagen mit Fahrer, wie es sich für einen Grafen gehört. Mutter und Sohn sind jetzt nämlich Graf und Gräfin Medem. Die Herrschaften lassen sich über Innsbruck nach Basel kutschieren, von Basel nach Bern. Graf und Gräfin Medem holen sich heimlich ihr Gepäck aus dem Kofferraum und verschwinden. Natürlich haben sie nicht bezahlt.

Zechbetrug ist die eine Spezialität derer von Lüdinghausen-Wolff. Sie steigen nur in ersten Hotels ab, und wenn sie dann eines Tages von einem »Spaziergang« nicht zurückkehren, dann geht die unbeglichene Rechnung meist in die Tausende.

Aber von Zechbetrug allein kann man nicht leben, jedenfalls nicht so, wie es Mutter und Sohn Lüdinghausen für standesgemäß erachten. Nach ein paar mißglückten Gaunereien bei Juwelieren üben sie sich deshalb in einer anderen kriminellen Kunst: Sie betrügen Künstler und Kunsthändler. Sie kaufen Gemälde, antike Möbel und wertvolle Gobelins, ohne zu bezahlen. Aber offenbar kommen sie mit dem Erlös ihrer krummen Geschäfte immer noch nicht aus. Also stehlen sie Kunstwerke.

Das reiselustige Betrügerpaar beschäftigt bald Polizei und Justiz aller Länder. Bei den Verhören und vor Gericht erweist sich Alexander als ein treuer Sohn. Er nimmt alle Schuld auf sich, damit auch nicht der geringste Schatten eines Verdachts auf das liebe Mütterlein fällt. So kommt es, daß die Freifrau nur einmal sitzen muß. Fünf Monate in Lyon.

Aber der Freiherr muß brummen. Wenige Menschen dürften mit so vielen Gefängnissen Bekanntschaft gemacht haben wie der Baron Lüdinghausen. 1926 sitzt er in Triest, 1929 in Rom, 1930 in Brüssel und 1931 in Lüttich, er wird in der Schweiz verhaftet und des Landes verwiesen, und auch in Portugal wird er – 1934 – von einer Polizeieskorte zur Grenze transportiert.

In Lyon trifft ihn die erste empfindliche Strafe. Ein Gericht verurteilt ihn wegen zahlloser Gaunereien zu drei Jahren Gefängnis. Er geht in die Berufung und hat Pech. Das neue Urteil lautet über fünf Jahre. 1938 wird er nach Deutschland abgeschoben.

Kaum in Berlin angekommen, greift ihn sich die Polizei. Es gilt eine Menge alter Schulden zu begleichen: schwere Diebstähle, Betrügereien, Paßvergehen. Am 10. Dezember steht er wieder vor einer Strafkammer des Berliner Landgerichts. Diesmal kann er seinen Richtern nicht weismachen, er sei unzurechnungsfähig. Diesmal kassiert er sein erstes Zuchthausurteil. Zwei Jahre.

Während Alexander Freiherr von Lüdinghausen-Wolff in Berlin-Plötzensee einsitzt, wird er – am 29. April 1939 – in Genua in Abwesenheit zu zwei Jahren und acht Monaten Gefängnis verurteilt. Die europäische Justiz kommt gar nicht mehr nach, die Sünden des Barons »aufzuarbeiten«.

Theoretisch hätte Baron Lüdinghausen in den vierzehn Jahren zwischen 1924 und 1938 über sechzehn Jahre hinter Gittern verbringen müssen. Auf über sechzehn Jahre beläuft sich nämlich die Summe aller Strafen, die ihm in dieser Zeit zudiktiert werden. In Rom wird er zu zwei Monaten verknackt, in Brüssel zu drei Jahren, in Lüttich zu drei Jahren und drei Monaten, in Paris noch höher: fünf Jahre Gefängnis. Dann das Urteil von Lyon: noch einmal fünf Jahre.

Daß er nur einen Bruchteil dieser Strafen absitzt, verdankt er großmütigen Justizbeamten, die ihn immer wieder amnestieren. Viele Urteile sind auch in Abwesenheit über ihn verhängt worden.

Aber in Deutschland war es ernst für ihn. Wohl gelingt es Lüdinghausen, das Urteil anzufechten, aber bevor eine neue Verhandlung anberaumt wird, steckt man ihn als gefährlichen Gewohnheitsverbrecher ins KZ Mauthausen.

Über Lüdinghausens KZ-Jahre schreibt der damalige Interpol-Generalsekretär Ducloux an den römischen Interpol-Chef am 21. 9. 1948, daß »Lüdinghausen im Lager eine privilegierte Stellung hatte, da er mit Gold und Wertgegenständen handelte, die bei den eingelieferten Gefangenen beschlagnahmt wurden. Seine Mutter durfte ihn im Lager besuchen. Ein Mensch von sehr niedriger Moral, feige und skrupellos, ist er – wie behauptet wird – SS-Spitzel gewesen.«

1945 wird auch Baron Lüdinghausen von den Amerikanern befreit. Und was tut er? Welch komische Frage! Natürlich betrügt er wieder. Und seine Mutter, mit ihren fünfundachtzig Jahren jetzt wirklich schon ein altes Mütterlein, ist wieder mit von der Partie.

1946 beehren sie Wien und Verona, und in beiden Städten muß der Baron den örtlichen Gefängnissen einen kurzen Besuch abstatten. Ein Jahr später ist es Biarritz und sein Gefängnis, Lüdinghausen hat zwei wertvolle Gemälde unberechtigt verkauft und muß dafür ein paar Monate hinter schwedische Gardinen.

Er läßt sich's nicht verdrießen. Und seine Mutter ebenso wenig. Sie reisen und reisen und reisen. Und lügen, stehlen und betrügen.

Im Jahr 1949 – genau: am 15. Januar – erhält die Stadt Agen in Südfrankreich einen Besuch der alten Dame. Agen, Hauptstadt des Departements Loire-et-Garonne, ist keine Berühmtheit unter Frankreichs Städten, und außerhalb des Landes kennt man es schon gar nicht.

Aber Mutter und Sohn Lüdinghausen sind Kunstkenner, und ihnen hat Agen etwas zu bieten. Im Museum der Stadt hängen kostbare Gemälde, unter anderem ein Werk des spanischen Meisters Goya.

In andächtiger Versunkenheit verharren Mutter und Sohn vor dem wertvollen Kunstwerk. Es schellt, und der Wächter geht zum Tor. Als er zurückkommt, begegnet er den beiden Besuchern. Die alte Dame – sie ist inzwischen neunundachtzig Jahre alt – lächelt ihm huldvoll zu; der vornehme Herr drückt ihm ein ordentliches Trinkgeld in die Hand. Unser Museumswächter ist es zufrieden.

Er kommt in die Gemäldegalerie und erstarrt. Dort, wo vor Minuten noch der Goya gehangen hat, gähnt ihm ein leerer Rahmen entgegen.

Jetzt ist das Maß voll. Interpol schaltet sich wieder ein. An alle Mitgliedsstaaten ergeht das internationale Fahndungsersuchen: »Alexander Freiherr von Lüdinghausen. Internationaler Verbrecher, rückfällig, dauernde Überwachung seiner Wohnsitze mit der Bitte um Benachrichtigung der Interpol, Generalsekretariat Paris. Von dort werden ... alle weiteren Weisungen ergehen, zwecks Auslieferung an eines der interessierten Länder. – Nr. 237/48 – INTERPOL Paris, Mai 1949.«

Die alte Freifrau kultiviert zu dieser Zeit eine extravagante Marotte. Sie trägt bei ihren Reisen ein kleines Äffchen auf dem Arm. So herzig das Tierchen auch ist, für das Gaunerpaar stellt es eine außerordentliche Gefahr dar – als Erkennungszeichen für die Polizei.

Tatsächlich wird das Seidenäffchen dem Diebesduo zum Verhängnis. Ein Schweizer Hotelier sieht das Tierchen und stutzt. Hat er nicht gerade gelesen, daß man nach einem gefährlichen Gauner fahndet, der in Begleitung seiner Mutter reist, die wiederum ein Äffchen mit sich führt? Der Hotelier überlegt nicht lange. Er geht zur Polizei. In der Nähe von Luzern werden die Lüdinghausens verhaftet, am 22. Januar 1949. Bei ihrer Verhaftung trägt die Baronin den gestohlenen Goya auf dem Leib.

Die Goya-Diebe werden nach Frankreich abgeschoben. Gegen die Mutter wird nicht verhandelt, aber Sohn Alexander – fünfundvierzig Jahre alt – trifft die volle Härte des Gesetzes. Fünf Jahre Gefängnis.

Er sitzt noch in Frankreich ein, als seine Mutter, vierundneunzigjährig, verstirbt und auf dem russischen Friedhof in Berlin-Tegel beigesetzt wird. Nun ist Alexander allein auf der Welt. Was wird er tun, wenn sich die Gefängnistore wieder für ihn öffnen?

Nun, er kehrt nach Berlin zurück und eröffnet mit gepumptem Geld ein Antiquitätengeschäft. Er will doch nicht etwa ehrbar werden? Er versucht es zumindest, aber große Mühe kann er sich nicht gegeben haben. Jedenfalls macht er bald pleite.

Am 18. März 1955 meldet er sich bei der Westberliner Studentenhilfe: »Ich brauche einen Fahrer.« Das ist ein Job, wie ihn sich Werkstudenten wünschen: Fahrer eines Freiherrn!

Und dann erst der Wagen! Ein türkisgrüner amerikanischer Straßenkreuzer!

Daß die Luxuslimousine auf Wechseln läuft, die der Baron nie einzulösen gedenkt, ahnt der Werkstudent nicht. Er ist tief beeindruckt. Und seine Hochachtung steigt noch mehr, als der Freiherr ihm seinen Adoptivsohn und Reisebegleiter vorstellt, den »Herzog von Kurland«.

Auf geht's nach dem sonnigen Süden. Am Abend erreichen sie Baden-Baden. »Jetzt wollen wir erst einmal richtig ausschlafen«, schnarrt der Freiherr. Der Student schläft sich aus. Als er am späten Vormittag ins Frühstückszimmer geht, erlebt er eine böse Überraschung: Der Freiherr ist weg, der Herzog ist fort, der Ledermantel fehlt, 420 Mark Lohn sind nicht bezahlt, und die Hotelrechnung steht obendrein noch offen.

Die internationale Betrugstour des Freiherrn und des Herzogs endet zwei Jahre später in Marseille. 1958 erhält Lüdinghausen die Zuchthausstrafe, für die er sich mit einer Verbeugung bedankt.

Nach seiner Entlassung geht er wieder mit einem jungen Freund auf Tournee. Auf so ausgefallene Sachen wie Kunstdiebstähle läßt sich der Freiherr nun gar nicht mehr ein. Er betätigt sich als billiger, schmuddeliger Dieb und Zechpreller.

Von den rund tausend Straftaten, für die er sich demnächst wird verantworten müssen, seien hier nur einige erwähnt: Im Adria-Bad Cattolica hinterlassen die beiden Gauner Hotelschulden in Höhe von 20 000 Lire (umgerechnet etwa 300 Mark) und nehmen dafür 11 000 Lire und 640 Mark mit, die sie einer deutschen Touristin abgegaunert haben.

Im benachbarten Senigallia stehlen sie einem jungen Berliner Ehepaar 60 000 Lire und 300 Mark sowie Benzingutscheine und einen Fotoapparat. Selbst die Papiere für den Mietwagen und die Pässe des Paares lassen sie mitgehen.

Fünfzehn Monate begehen sie jeden Tag zwei bis drei Straftaten. In Italien, Frankreich, Spanien, Marokko, Belgien und Luxemburg.

Als sie schließlich an der Grenze zum Saarland auf Ersuchen von Interpol verhaftet werden, zitiert der gebildete Freiherr, der fünf Sprachen (Deutsch, Russisch, Italienisch, Französisch und Spanisch) perfekt spricht, Schiller aus »Don Carlos«: »Die schönen Tage von Aranjuez sind nun vorüber.«

Er dürfte recht behalten. Denn bei seinem nächsten Prozeß wird ihm kein Richter mehr abnehmen können, daß er »zu alt ist, um Unrechtes zu tun«.

Es sieht vielmehr so aus, als ob Alexander Freiherr von Lüdinghausen zu alt sei, um sich noch zu ändern. Und darauf steht Sicherungsverwahrung . . .

Internationale Betrüger vom Schlage eines Alexander Freiherrn von Lüdinghausen machen der Interpol von Jahr zu Jahr mehr zu schaffen.

»Der internationale Betrug dehnt sich ständig aus und nimmt einen immer größeren Umfang an«, sagte vor einiger Zeit der Leiter des deutschen Interpol-Zweigbüros in Wiesbaden, der Leitende Regierungskriminaldirektor Paul Dickopf.

Aber nicht nur die wachsende Zahl der auf weltweiter Basis betriebenen Gaunereien bereitet den Beamten der Interpol Kopfzerbrechen. Sicher noch schwerwiegender ist – wie Direktor Dickopf in einer Pressekonferenz bekannte – dies: »Der Betrüger wird immer intelligenter.«

Die Akten von Interpol bestätigen das auf eindrucksvolle Weise. Sie dokumentieren die betrübliche Tatsache, daß auch auf dem kriminellen Sektor der menschliche Erfindungsgeist immer neue Triumphe feiert. Diese Akten sind gleichzeitig eine Chronik menschlicher Dreistigkeit.

Den Vogel in Sachen Dreistigkeit schoß wahrscheinlich ein Gauner ab, der zu den berüchtigtsten Spitzbuben unseres Jahrhunderts zählt. Dieser Betrüger nannte sich Graf Victor Lustig, aber wer mit ihm zu tun bekam, dem war danach nicht zum Lachen zumute. Graf Victor brachte es sogar fertig, den gefürchteten Al Capone hereinzulegen. Im Jahre 1925 »verkaufte« er den Eiffelturm.

In jenem Jahr war dem Grafen Victor, einem notorischen Geldfälscher und Betrüger, und seinen Komplicen der amerikanische Boden wieder einmal zu heiß unter den Füßen geworden. Sie setzten sich ab nach Europa und landeten in Paris, wo sie vornehm im Hotel »Crillon« am Place de la Concorde abstiegen.

Am Tag der Ankunft las Lustig in der Pariser Presse Berichte über notwendige Reparaturen am Eiffelturm. Diese Arbeiten, so hieß es, würden unerhört teuer werden; so kostspielig in der Tat, daß einige Stadtbaubeamte vorschlugen, das himmelhoch strebende Stahlgerippe einfach abzureißen.

Der Vorschlag war, wie ausdrücklich erwähnt wurde, auf keine Gegenliebe im Rat der Stadt gestoßen. Das stolze Wahrzeichen der Seine-Metropole zu verschrotten! Undenkbar!

Den Grafen Victor Lustig jedoch inspirierte der Abbruchvorschlag zu einem tolldreisten Unternehmen. Er besorgte sich gefälschte Papiere, die ihn als Sonderbeauftragten der Stadt Paris auswiesen. Mit diesen Unterlagen versehen, bahnte er die Bekanntschaft eines steinreichen Schrotthändlers an.

»Dies alles ist im Augenblick noch streng geheim«, vertraute er dem Schrotthändler an, »aber ich kann Ihnen verbindlich versichern, daß sich die Stadt entschlossen hat, den Eiffelturm zu verkaufen. Es handelt sich dabei immerhin um 7000 Tonnen Stahl nach dem Abbruch.«

Der Schrottmann zeigte sich beeindruckt. »Freilich«, mußte er sich von Lustig sagen lassen, »sind auch noch andere Geschäftsleute an dem Projekt interessiert. Wir sind übereingekommen, uns morgen im ›Crillon‹ zu besprechen. Ich darf doch mit Ihrer Beteiligung rechnen?«

Am anderen Tag trafen sich Graf Lustig, der Schrotthändler und vier weitere »Geschäftsleute« (Lustigs Komplicen) im Foyer des »Crillon«. Lustig hielt Vortrag über den geplanten Verkauf und schloß mit den Worten: »Ich erwarte Ihr Angebot im versiegelten Umschlag bis nächsten Mittwoch. Bis dahin, meine Herren.«

Der Schrotthändler reichte ein saftiges Angebot ein, das natürlich angenommen wurde. Er verkaufte Aktien und nahm eine Hypothek auf seine Prachtvilla. Dann überreichte er dem Grafen Victor Lustig verabredungsgemäß den Scheck. Und glaubte, er sei nun der Besitzer des Eiffelturms!

Graf Victor und seine Komplicen lösten den Scheck ein und nahmen den nächsten Zug nach Wien. Dort merkten sie, daß der Schrotthändler wider Erwarten keine Anzeige erstattet hatte – sicher aus Angst, sich zum Gespött von ganz Paris zu machen.

Graf Lustig zog daraus einen verblüffenden Schluß: »Ich finde, daß der Turm, da ihn unser Freund nicht in Besitz genommen hat, immer noch uns gehört.« Also fuhren Lustig und Genossen wieder nach Paris und versuchten den Eiffelturm ein zweites Mal zu verkaufen.

Doch diesmal kam ihnen Interpol zuvor.

So gingen auch diese raffinierten internationalen Betrüger ins Netz der grauen Spinne, wie nach ihnen unzählige Gauner und Betrüger, Geldfälscher und Mädchenhändler, Räuber und Mörder.

Sie mögen von Land zu Land, von Kontinent zu Kontinent wechseln, sie mögen ihre Namen ändern und ihr Äußeres – eines Tages verfangen sie sich im Netz der grauen Spinne.

Ob früher oder später: INTERPOL schnappt sie fast alle.

Inhalt

Vorwort 5
Tod am Nachmittag 6
Die geniale Betrügerin der Place Vendôme 25
Blondinen und Falschgeld waren sein Schicksal 41
Reiche Scheiche, fauler Zauber 59
Luxus und Laster 87
Mord und Bigamie 93
Wo ist Ihre Tochter, Herr Widegren? 118
Der Mörder schrieb Liebesbriefe 130
Ein Zarenenkel auf Abwegen 145

Bitte beachten Sie die folgenden Anzeigenseiten. Die dort genannten Preise entsprechen dem Stand vom Frühjahr 1972 und können sich nach wirtschaftlichen Notwendigkeiten ändern.

Goldmann Kriminalromane der Chef-Auswahl

»Eine grandiose Idee ... Wenn es einen echten Verleger- und Lektorenehrgeiz gibt, dann doch wohl diesen: Literatur von einigem Rang nicht in der buntschillernden Massenproduktion untergehen zu lassen.«

Hans Hellmut Kirst im Münchner Merkur

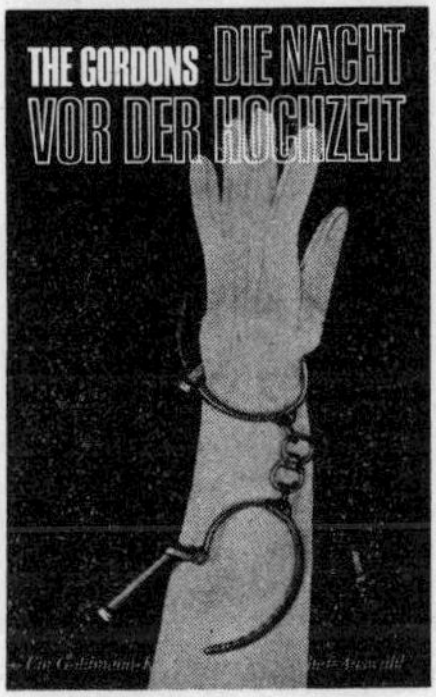

Edgar Bohle, Der zweite Tod der Mrs. Holm
228 Seiten. Leinen DM 14.50

Der Industrielle Charles Holm hat bisher immer großes Glück gehabt. Doch ein einziger Telefonanruf zerstört alle seine Hoffnungen. Am Apparat ist Della, Holms totgeglaubte erste Frau ...

The Gordons, Die Nacht vor der Hochzeit
208 Seiten. Leinen DM 14.50

Wenige Tage vor ihrer Hochzeit wird Gail Rogers von einem Unbekannten überfallen. Der Fremde droht, sie zu ermorden, wenn sie sich weigert, ihm bei einer Erpressung als Mittelsperson zu dienen ...

Julian Symons, Roulett der Träume
224 Seiten. Leinen DM 14.50

»Ein schockierend gutes Porträt eines Mannes, der nicht auf dem geraden Weg bleiben kann.« *Dorothy Salisbury Davis, Kritikerin*

»Erstklassig ... Die Träume des Krimilesers werden wahr.«

New York Times

WILHELM GOLDMANN VERLAG MÜNCHEN

Verehrter Leser,

senden Sie bitte diese Karte ausgefüllt an den Verlag. Sie erhalten kostenlos unsere Verlagsverzeichnisse zugestellt.

WILHELM GOLDMANN VERLAG 8 MÜNCHEN 80

Bitte hier abschneiden

Diese Karte entnahm ich dem Buch

Kritik + Anregungen

Ich wünsche die kostenlose und unverbindliche Zusendung des Verlagskataloges und laufende Unterrichtung über die Neuerscheinungen des Wilhelm Goldmann Verlages.

Name

Beruf Ort

Straße

Ich empfehle, den Katalog auch an die nachstehende Adresse zu senden:

Name

Beruf Ort

Straße

Goldmann-Bücher erhalten Sie in allen Buchhandlungen, in vielen Kaufhäusern und an den meisten Bahnhofskiosken überall in der Welt, wo deutsche Bücher verkauft werden.

Aus dem WILHELM GOLDMANN VERLAG
8 München 80, Postfach 80 07 09 bestelle ich
durch die Buchhandlung

Anzahl	Titel bzw. Band-Nr.	Preis

Datum: Unterschrift:

2892 · 7017 · 3.000

Bitte mit Postkarten-Porto frankieren.

Wilhelm Goldmann Verlag

8000 MÜNCHEN 80

Postfach 80 07 09